中国少先队工作学会“十二五”课题　　广东省社会科学院青少年成长教育研究中心重点课题

媒介素养

（亲子读本）

MEIJIE SUYANG

家庭用书

张海波　主编

南方日报出版社
NANFANG DAILY PRESS
中国·广州

图书在版编目（CIP）数据

媒介素养. 亲子读本 / 张海波主编. —广州：南方日报出版社，2013.8
ISBN 978-7-5491-0868-8

Ⅰ. ①媒… Ⅱ. ①张… Ⅲ. ①传播媒介－教材 Ⅳ. ①G206.2

中国版本图书馆CIP数据核字(2013)第118029号

媒介素养（亲子读本）· 家庭用书　　张海波　主编

出版发行：南方日报出版社
地　　址：广州市广州大道中289号
电　　话：（020）83000502
经　　销：全国新华书店
印　　刷：广东信源彩色印务有限公司
开　　本：787 mm×1092 mm　1/16
印　　张：6.25
字　　数：115千字
版　　次：2013年8月第1版
印　　次：2013年8月第1次印刷
定　　价：19.80元

投稿热线：（020）83000503　　读者热线：（020）83000502
网址：http://www.nfdailypress.com/
发现印装质量问题，影响阅读，请与承印厂联系调换

《媒介素养》丛书顾问委员会名单

（按姓氏笔画排序）

《媒介素养》丛书编辑委员会名单

前言

让我们做数字时代的榜样父母

他们一边写作业，一边时不时地瞄一下手机上的短信；他们一边到百度上搜索写作文的素材，一边通过QQ和小伙伴们聊几句；他们刚合上作业本，就飞快地打开电脑，玩起植物大战僵尸的游戏；玩累了，他们的耳朵刚塞上iPod的白色耳机，又打开iPad，准备看刚下载下来的动画片……

看着他们，旁边的老爸老妈们真的有点担心：他们上课的注意力总是难以集中，他们书写和写作能力严重衰退；他们沉迷于游戏，宅在家里，他们太早知道成年人的秘密；还有，他们有许多你可能回答不出的问题，更糟糕的是他们经常认为在网络上他们比爸妈懂得还多……

他们是谁，他们是“00后”出生的新生代。

担心他们的是谁，可能就是你，“00后”一代的父母。

恭喜你：“苹果世代”的老爸老妈们。

提醒你：你们的孩子和以往时代的孩子相比有着巨大的不同。他们伴随着苹果手机的诞生而成长；他们是移动互联网的原住民；他们是数字时代的产物；他们不是另一代人，他们是另一类人。

今天，几乎所有人都感同身受，我们大步踏入信息时代。日新月异的信息和通信技术，让我们处于信息的海洋之中。而作为传播信息的工具——媒介（报纸、广播、电视、网络、手机……）也成为我们生活工作中不可或缺的一部分。

今天，我们越来越感受到20世纪著名传播学者麦克卢汉的预言：“媒介即人的延伸”：衣服是肌肤的延伸，住房是体温调节机制的延伸，马镫、自行车、汽车是腿脚的延伸；媒介是人体和人脑的延伸，电子媒介就是我们中枢神经系统的延伸。通过媒介的延伸，我们每个人就像生活在电子时代的“信息采集人”。

今天，我们正身处大众媒介所创造的生活之中。急速发展的新技术和社会媒体彻底改变了媒体的视野。传播变得无所不在。我们每个人一出生就处于数字化生存之中。新媒介不但成为像空气和水一样的生活环境和资源，而且深刻影响和塑造着我们的思维方式、行为习惯、价值观、认知和学习的方式。因此，早在20世纪20年代，英美等发达国家即兴起“媒介素养教育”运动，注重从小提升青少年认识媒介、合理使用媒介、利用媒介发展自我的能力。在美国，“媒介素养教育”被称为“比登陆月球更重要的事业”。

美国著名人类学家玛格丽特·米德在《代沟》一书中从文化的传递方式的角度，将文化划分为三种类型：前喻文化，即晚辈主要向长辈学习；共喻文化，即晚辈和长辈互相学习；后喻文化，即长辈反过来向晚辈学习。因为新媒介，“苹果世代”的家庭正处于“共喻”和“后喻”时代之中。

数字时代出生的孩子，需要与时代相适应、具备相应能力和素质的新一代父母。因此，我们可以说“00后”孩子的家长是中国第一代承担起“媒介素养教育”的父母。

首先是了解。要充分了解我们的“苹果们”，他们接触了哪些媒介，使用媒介做了什么，哪些是有益的，哪些可能存在风险。只有通过观察和了解，我们才能有针对性地实施相应的教育和学习。

其次是学习。新媒介发展一日千里，不及时学习的话，家长就比孩子们OUT了。父母不但要及时更新知识，更要积极学习国际上先进的“媒介素养教育”理念、方法和技能。

最后是行动。教育的关键是行动，父母们再忙也要拿出相应的时间来实施“媒介素养教育”，与孩子一起学习，共同成长。

来，翻开本书，让我们开始了解、学习“媒介素养”知识和技能，并开始行动，做数字时代的榜样父母吧。

编　者

2013年4月

目录 CONTENTS

第一篇 1

“苹果世代”驾到

他们是移动互联网的原住民
他们是手指一代、屏幕一代
他们上百度学习、用QQ交流、用微博表达、玩小鸟、打僵尸
他们是今天我们的孩子——“苹果世代”
他们和我们小时候有那么多不同，但他们是我们的未来

一、他们不是另一代人，他们是另一类人

从他们牙牙学语开始，你就开始感觉到这些小家伙们有点不同：他说键盘比说笔还早；他从小就在妈妈的iPhone上划来划去；他去游乐场玩了旋转木马，让妈妈拍下来，回家给爸爸看；他从小看到电视机，也要用手指在上面划两下；他一放学，就跟妈妈要手机玩……

用一本杂志描述“90后”一代所用的标题来描述他们最恰当不过了：他们不是另一代人，他们是另一类人。

他们是2000年后出生的孩子（简称“00后”），他们生活在新媒介飞速发展的时代，他们是互联网的原住民，他们是数字时代的产物。

21世纪以来，从个人电脑和手机，发展到以iPhone为代表的智能手机和以iPad为代表的平板电脑，手机已从单纯的通讯工具，发展成为综合性的个人智能移动信息终端。随着价格的下降和移动互联网的普及，个人智能移动信息终端的应用不但可以做以前我们在个人电脑前所做的一切事情，而且可以做我们以前想不到的事情。特别是2011年以来，基于智能手机、移动互联网和以微博、微信为代表的应用真正全面爆发，深刻地改变了人们的交流方式、表达途径和社会参与路径。基于移动互联网技术的个人移动信息终端的普及率在迅速上升，基于新一代媒介技术和产品的应用也渐成儿童新媒介应用的主流，当代少年儿童几乎从一出生开始，就处于这种新一代媒介所带来的变革之中。

“苹果世代”：

泛指在2000年后出生，从小生活在移动互联网应用和以“苹果手机”为代表的个人智能信息终端这样的新媒介环境中的孩子们。

对他们来说，以“苹果”为代表的新一代媒介，塑造了这一代儿童的生活、交流、娱乐和学习方式，因此我们将“00后”形象地称为“苹果世代”。

由于以“苹果”为代表的个人智能移动信息终端的巨大威力，它还正成为家庭教育历史上最有效的安抚工具之一。现在到餐厅吃饭，经常会看到家长和小朋友各自在玩iPhone、iPad的情景。有年轻的父母说，当两三岁的小孩哭闹时，iPhone便成了让孩子停止哭闹最好的玩具。因此，现在有人说，以“苹果”为代表的个人智能移动信息终端成为了孩子们的“电子保姆”。

但是，更多的家长发现，在这看似便利的同时，伴随着的是更大的担心与烦恼：

很多父母说：“我的孩子一放学就拿着iPad在玩，也不知道在干什么，连跟我说句话都不愿意。”有的家长说：“女儿一见到我就拿我的手机，一会聊QQ，一会发短信，还要打游戏。”很多家长担心，孩子的视力会受影响，孩子会接触到一些不健康的东西……

有QQ号孩子的家长则担忧，不知道孩子交了什么新朋友。有些孩子结识了一些网友后就只跟网友聊，不跟父母交流了，家长开始担心孩子会觉得自己OUT了。以前青春期发生的问题，现在不到青春期就出现了，代际沟通变得更加困难，家长为此忧心忡忡。

现在，网瘾、网恋的问题越来越多。针对儿童的网络诈骗、网络欺凌也时有发生。

所以，我们不得不提醒“苹果世代”的年轻父母，一定要高度重视“电子保姆”和由此产生的“电子管教”等问题，高度重视“苹果世代”的媒介素养教育。

二、“苹果世代”速描

（一）屏幕一代

“70后”小时候接触最多的是书、广播；陪伴“80后”成长的是报纸、电视和一台网速不太快的电脑；“90后”的童年多了一台连接了宽带的电脑。但“00后”的孩子，各种带屏幕的媒介终端已经完全覆盖了他们的生活，“00后”已经完全生活在屏幕的时代。

在家里，孩子们会接触到电视屏幕、电脑屏幕、手机屏幕，甚至还会和iPad的屏幕、掌上游戏机的屏幕、电子书的屏幕打交道。离开家门回到学校，孩子们不仅会和各种电教设备的屏幕打交道，还会在计算机课上学习用电脑，更会在学校的电子宣传栏等地方接收到形形色色的信息。在国外以及国内的部分学校，已有学校计划使用电子教材。在公共场所，公车、地铁、的士上有移动公交电视、触动传媒等屏幕，电梯内有各种液晶屏，甚至在马路边等红绿灯时，也会在不少地方看到大块的液晶广告屏幕……

面对屏幕的包围，成年人也许有较好的辨识能力和自控能力去消化各种屏幕带给我们的信息，但还在成长中的孩子应该如何面对呢?

（二）移动网络一代

网络，对于小学时候的“80后”来说，主要是通过电话线拨号的“56K”网络。“90后”在小学时代，主要是通过台式电脑，在家里、网吧、学校等地方，通过宽带来登陆网络。虽说网络对“80后”与“90后”的成长，也有着非常重要的影响，但由于当时技术的限制，包括使用地点、登陆终端、网速、网费等因素，制约着他们不能随时随地地上网。但2000年以后，全国互联网事业开始高速发展，主要的上网方式从拨号上网变成宽带上网，从当年“56K”的“龟速”变成现在的高速光纤；网络内容的变化更是一日千里，不但出现了各种纷繁有趣的网站，更出现了一大批针对孩子的儿童网站；上网终端从主要依靠台式电脑，发展成台式、手提、平板、手机等终端百花齐放，随着3G技术的成熟，打造“无线城市”蓝图，更让一些城市变成了网络信号无处不在的无线城市。

“00后”正是在这种时代背景下成长的“移动网络一代”。

因此，QQ 是他们与人交流的最重要的方式之一，“苹果世代”每天都会上网看视频、玩网游、刷微博。当他们感到不开心、感到无聊、感到孤独、希望摆脱压力的时候，上网是他们的一个非常重要的宣泄、减压方式。“苹果世代”已经学会

了拿着自己或者父母的手机，在商场搜索Wi-Fi信号，登陆自己的QQ；拿着iPad随时随地上优酷网看自己喜爱的卡通片……

面对这些情况，接近七成的家长和老师都认为网络是对孩子影响最大的媒介，觉得网络对现在的孩子的生活方式、思维方式、学习方式与沟通方式都产生了巨大的影响。

（三）手指一代："触摸"中长大的"00后"

曾经有人形容"90后"是鼠标的一代，"拇指一族"。那"苹果世代"就是在触摸中成长的"手指一代"。现在以iPhone和iPad为代表的大量触摸型媒介终端，使食指承担了更多的功能。在iPhone的引领下，出现了大量只需要用手指便可直接进行操控的移动终端，随后iPad的降临，更让"平板电脑"这个名词，在短时间内走进了千家万户。

和传统的电脑不同，这些触摸型终端产品没有太专业的操作要求，只需要你用手指点一下，便能开启一个全新的世界。而"00后"这些孩子，正是在这些终端的陪伴下成长的。"苹果"产品以手指的点击和滑动为核心，对于小肌肉尚未完全发育的孩子，使用起来比普通电脑更为便捷。我们发现，无论孩子几岁，只要把一部iPhone或者类似的产品给他们，他们便能用手指左点右点，很自如地使用起来，因此不少孩子很小时就成了"苹果"产品的忠实粉丝，相关应用程序如"愤怒的小鸟"、"植物大战僵尸"等名字也时常挂在孩子们的嘴边。

科技的进步为孩子的成长提供了更好的环境，让孩子从小就能通过各种触控产品了解世界并借助游戏获得情感上的愉悦，但与之伴随的是对眼睛、手指、颈椎等身体健康的潜在危害，同时也让孩子更容易沉溺其中。

三、“苹果世代”：被改变的大脑

（一）来自脑科学的研究

从现代脑科学的研究成果来看，如果说新媒介的发展正在改变儿童的大脑，这的确是真切发生的事实。

当你3岁的女儿在你身边，用手指飞快地点击着iPad的图标时；当你10岁的儿子，一边用QQ和小伙伴聊天，一边玩着《植物大战僵尸》时，你可能不知道，“苹果世代”的大脑正在悄悄地发生改变。

美国著名神经学家盖瑞·斯默尔在《大脑革命——数字时代如何改变了人们的大脑和行为》一书中，用大量的证据揭示一个惊人的事实：随着这些新技术带来的新动作、新任务而产生的新思维方式，儿童的大脑将产生神经递质，形成新的树突和突触，以适应这些新形态的“任务”。大脑每时每刻在响应这些新环境的刺激，并发生着变化，而最终这种进化性的变化将影响到今后几代人的大脑。研究表明，环境可以塑造大脑的形状和功能，并且是没有极限的。

在我们的大脑发育中，遗传在发挥作用，但人体的基因总和估计只有2万个，与最终在我们大脑里发育的数十亿突触相比，基因只是很少的一部分。后天环境的影响和人的学习适应过程使大脑接受的刺激，对决定大脑如何工作起关键作用。因此，在过去几十万年的时间里，人类大脑的大小及复杂性都逐渐递增，以适应复杂的行为，特别是随着人类语言和工具制造技能的逐步提高，大脑的体积和功能分化也在加速发展。

同时，数字技术也改变着人们的行为，多动症、注意力不集中、自闭症、抑郁症、躁狂症和多任务癖好等现代疾病，与过度上网、看电视和玩视频游戏等有着密切的关系。

因此，面对新技术，人们必须想出正确而明智的应对措施。

（二）“碎片化”、浅浏览和协调式思维

互联网的出现，电子媒介的发展，引爆了人类的思维革命。“苹果世代”正面临着新媒介环境下海量信息、屏幕化阅读、多任务处理等带来的一系列挑战。

你正在新浪网上浏览一条新闻，突然桌面上的QQ图标嘀嘀响起，有个老友正在呼唤你；你刚刚上电子邮箱收一封同事传来的邮件，手机铃声又响了；你在iPad上看着优酷视频的间歇，又忙里偷闲看了一下手机的微博……

你可以同时进行“多任务地处理”，但你的注意力被如此地分散着，连你的思维也正在“碎片化”。

在互联网上，几段文字、一段音频或视频、各种商业广告、一些小型应用软件，全都在一个网页里，在它们各自的窗口运行着，这么多杂音和图形的刺激多么容易让人分神。

较之历史上出现的媒介，互联网上让人分神的东西实在太多了。它在给人们提供信息盛宴的同时，也使我们的注意力高度分散。这些“碎片化”的思维使我们无法保持深刻思维所需要的注意力。

按照麦克卢汉和德鲁克的观察，在语音为中心的时代，诗意的表达和雄辩的口才，不断刺激、强化着大脑神经系统的某个部位，书籍的出现则改变了这一切。古登堡发明的现代印刷技术，使深度阅读成为普遍流行的阅读习惯，而互联网的出现彻底颠覆了人们所养成的阅读习惯。青少年正从深阅读走向浅浏览。

不过，研究表明，由于使用计算机和互联网，人们的某些认知技能却比以往大大增强。手眼协调、反射反应、视觉信号处理等大脑功能空前强化。其实，关于这点，你只要观察一下身边那些年纪虽小，但却精通电玩游戏的孩子们，就可以轻而易举地得出结论。

其实，网络、手机等新媒介的出现，还改变着儿童的方方面面：

短信、QQ、开心农场、微博、微信……正改变着儿童的沟通方式和社交行为；

Google、百度……网络正改变着青少年的学习方式；

《植物大战僵尸》、《赛尔号》、《摩尔庄园》、《三国杀》、《魔兽世界》……电子游戏正改变着孩子们的处世方式和价值观……

今天，我们每个人都不得不正视这样一个现实，网络、手机等新媒介正深刻改变着儿童，改变着他们的大脑。而我们要做的是，应对这种改变和挑战，并能够趋利避害，做出对儿童有益的选择。

面对这一切，我们的孩子准备好了吗?

我们“苹果世代”的年轻父母们准备好了吗?

四、理解媒介

时光倒流，让我们回到20世纪50年代末的美国。

当时的美国正大踏步地进入电视时代。一到夜晚，闪烁的荧光屏照亮了每个家庭的客厅，一家人围坐着看电视成了美国家庭夜间最重要的娱乐生活之一。颇有点像20世纪80年代初，中国万人空巷看《渴望》的情景。

据统计，当时86%的美国家庭都拥有自己的电视机。与此同时，一项名为媒介素养的教育活动也开始在美国兴起。一批教育人士和学者，开始担心儿童看电视的时间太长，会影响他们阅读严肃书籍的时间。

1959年，一位名不见经传的研究英美文学的教书匠，为美国全国广播教育学会设计媒介课程。他为课程所写的文章后来成了一本书的草稿。那本书就是一问世就轰动世界的《理解媒介》。这个教书匠的名字，叫麦克卢汉。赞誉者称他是“继弗洛伊德和爱因斯坦以后最伟大的思想家”。

在这本书中，麦克·卢汉提出了一个今天我们连小孩都经常挂在嘴边的词：地球村。

麦克卢汉在书中预言，电子媒介将使信息传播瞬息万里，地球上的重大事件将借助电子传媒实现同步化，空间距离和时间差异将不复存在，整个地球在时空范围内将缩小为弹丸之地，人类因电子媒介的同步化，将结成一个密切相互作用、无法静居独处的小村庄。

身处半个多世纪后的我们，无法想象出当年人们看到这些说法之后的震惊。

因为在这篇文章写出的32年后，1991年欧洲粒子物理研究所科学家蒂姆·伯纳斯·李才开发出了万维网和浏览软件。这时，互联网才刚刚走进大众的视野。

1959年，后来通过他们的产品实现了“地球村”的两位信息产业巨子——比尔·盖茨和乔布斯，都才刚刚4岁。

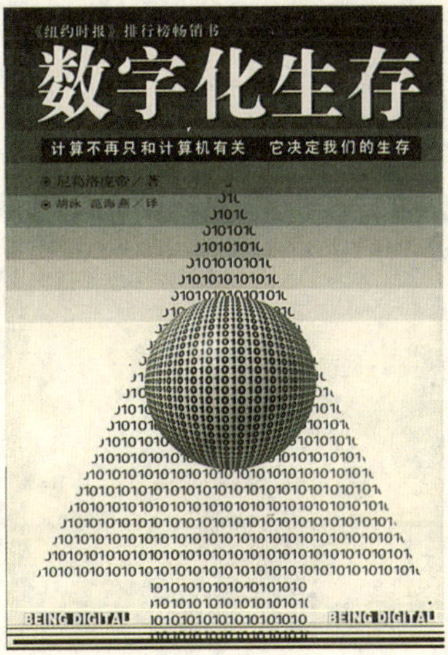

今天，几乎所有人都感同身受，我们大踏步进入信息时代。日新月异的信息和通信技术革命，让我们处于信息的海洋之中。而作为传播信息的工具——媒介：报纸、广播、电视、网络、手机……也成为我们生活、工作中不可或缺的部分。

今天，我们越来越感受到当年麦克卢汉的论述正成为我们当下的感受。“媒介即人的延伸”：衣服是肌肤的延伸，住房是体温调节机制的延伸，马镫、自行车、汽车是腿脚的延伸；媒介是人体和人脑的延伸，电子媒介就是我们中枢神经系统的延伸。通过媒介的延伸，我们每个人就像生活在电子时代的“信息采集人”。

今天，我们正身处大众媒介所创造的生活之中。

传播变得无所不在。我们每个人一出生就处于数字化生存之中。新媒介不但成为像空气和水一样的生活环境和资源，而且深刻影响和塑造着我们的思维方式、行为习惯、价值观、认知和学习的方式。美国著名的计算机科学家尼葛洛庞帝在他的《数字化生存》中说，“信息的DNA”正在迅速取代原子而成为人类生活中的基本交换物。信息技术的革命将把受制于键盘和显示器的计算机解放出来，使之成为我们能够与之交谈，与之一道旅行，能够抚摸甚至能够穿戴的对象。这些发展将变革我们的学习方式、工作方式、娱乐方式——一句话，我们的生活方式。

比尔·盖茨说：因特网改变了一切。事实上也的确如此。

我们每天除了睡觉以外，大部分时间都和大众媒介生活在一起，也就是说我们把大部分生命花在媒介上，媒介从我们一出生就开始深刻地影响、改变和塑造着我们，那么我们有什么理由不去关注媒介本身的历史、变化和运作，更好地认识和运用媒介呢？而这也正是媒介素养所关注的话题。

信息时代

回顾历史，我们发现了一个有趣的现象，就是人们常常用最具代表性的生产工具来定义一个历史时期：如石器时代、青铜时代、铁器时代……就是因为发现并使用了这些工具，从而使人类不断迈进更高的文明阶段。这些划时代工具的出现，往往伴随着伟大的技术革命。

蒸汽机的发明，使人类进入工业文明时代，人类开始能够驾驭远比马力大得多的力量。

在19世纪70年代波澜壮阔展开的第二次科技革命，以电力的广泛应用和内燃机的发明为主要标志。随后电力的使用，使人类对于能量转换有了更深刻的认识，电力的使用甚至成为现代生活的基础。

20世纪40年代末50年代初揭幕的第三次科技革命一直延续到现在。以电子信息业的突破与迅猛发展为标志，主要包括信息技术、生物工程技术、新材料技术、海洋技术、空间技术五大领域。晶体管和大规模集成电路的诞生，极大地降低了信息传播的费用。1996年，美国《商业周刊》率先提出了“新经济”的概念，在新经济时代，经济发展的主要动力是信息技术革命和经济全球化浪潮。其实，早在1973年，美国学者丹尼尔·贝尔在《后工业社会的来临》一书中就提出人类将进入后工业社会，在这个社会中，起决定作用的不是物质上的能源和资源，而是信息和知识。这个后工业时代，就是我们通常所说的信息时代。

数字化时代

当今时代是信息化时代，而信息的数字化也成为时代发展的大趋势，越来越为研究人员所重视。对数字化描述最闻名的著作是尼葛洛庞帝的《数字化生存》，他认为，“信息的DNA”正在迅速取代原子而成为人类生活中的基本交换物。这将是一个比特的世界。

比特是电脑中最小的一个计数单位。当我们把英文的任意一个字母输入电脑时，这个字母就占了一个字节，字节是由比特组成的。因此，我们不但把信息化称为“比特的时代”，有时也把它称为“数字化生存的时代”。

如何理解数字

数字化是数字计算机的基础，若没有数字化技术，就没有当今的计算机，因为数字计算机的一切运算和功能都是用数字来完成的。

数字化是多媒体技术的基础。数字、文字、图像、语音，包括虚拟现实及可视世界的各种信息等，实际上通过采样定理都可以用0和1来表示，这样数字化以后的0和1就是各种信息最基本、最简单的表示。

数字化是软件和信息社会的技术基础，数字化技术还正在引发一场范围广泛的产品革命，各种家用电器设备、信息处理设备都将向数字化方向变化，如数字电视、数字广播、数字电影、DVD 等等，现在通信网络也在向数字化方向发展。

有人把信息社会的经济说成是数字经济，这足以证明数字化对社会的影响有多么重大。

新媒体

我们常听到新媒体一词。其实从历史的角度来看，所谓新只是代表了某一个历史阶段。只有回顾媒介发展的历史，我们才能真正了解，什么是新，什么是旧。

400年前的新媒体：报纸

400年前的工业革命催生了现代意义的报纸。有学者根据德国古登堡印刷博物馆发现的一份印刷单来推断，现代意义的报纸在1605年以前就出现了。

相对于此前的口头传播、人际传播和书籍，作为工业革命产物的报纸带来了工业化的信息传播方式：定时、定向、定量传递经过选择、分类的新闻和商业信息。现代意义的大众传媒出现了。

100年前的新媒体：电影

1889年，美国“发明大王”爱迪生在发明电影留影机后，又经过5年的时间，发明了电影视镜。他将摄制的胶片影像在纽约公映，轰动了美国。但他的电影视镜每次仅能供一人观赏，一次放几十英尺的胶片，内容是跑马、舞蹈表演等。他的电影视镜是利用胶片的连续转动，造成活动的幻觉，可以说最原始的电影发明者应该是爱迪生。他的电影视镜传到我国后被称为 “西洋镜”。

19世纪末20世纪初，美国的城市工业发展和中下层居民迅速增多，电影

成为适应城市平民需要的一种大众娱乐。它起先在歌舞游乐场所内放映，随后进入小剧场，在剧目演出之后放映。

位于美国西海岸加利福尼亚州洛杉矶郊外的好莱坞，最先是由摄影师寻找外景地发现的，大约在20世纪初，这里便吸引了许多拍摄者。如今好莱坞的影片风靡世界，成了美国电影的代名词。

90年前的新媒体：广播

16世纪，人类对电磁通信发电的研究有了突破。1844年美国人莫尔斯发出了第一封电报"上帝造了什么"。从此，利用烽火和信鸽传递信息的时代过去了，人类进入了电子媒介传播的新时代。

在电子媒介大众传播（一点对多点的传播）出现前，人际传播的电子媒介（点对点）相继问世：

1895年，意大利人马可尼试验成功了无线电报系统。

借助无线电波，1920年11月2日，世界上第一个真正的无线广播电台——KDKA电台，在美国匹兹堡开始了第一次广播。它播出了沃伦·哈丁击败詹姆·考克斯当选为总统的消息。

相对报纸，广播在传递信息的快捷便利方面优势明显，特别是直播时的现场感和同步感，比纸质媒体更有身临其境的震撼力。二战期间的战地广播使广播跨越时空的魅力大显身手。而在电视机出现之前，一家人围着坐在收音机旁听各种新闻和故事，曾是美国家庭的主要娱乐方式。

80年前的新媒体：电视

1925年，英国人贝尔德成功研究出了电视。1928年，美国纽约31家广播电台进行了世界上第一次电视广播实验，由于显像管技术没过关，整个试验只持续了30分钟，收看的电视机也只有10多台。1936年，全世界第一家广播电视台在伦敦成立，就是大名鼎鼎的BBC。从此，我们进入了大众传媒的电视时代。

30年前的新媒体：网络

第一部真正可以称得上计算机的机器，诞生于1946年的美国，由毛琪利与爱克特发明，名字叫做ENIAC。这部计算机使用真空管来处理信号，所以体积庞大（占满一个房间）、耗电量高（使用时全镇的人都知道，因为家家户户的电灯都变暗了），而且记忆容量又非常低（只能记录100多个字），但是，却已经是人类科技的一大进步。而我们通常把这种使用真空管的计算机称

为第一代计算机。

20世纪70年代，个人电脑开始进入家庭。

1991年，欧洲粒子物理研究所科学家提姆·伯纳斯·李开发出了万维网，他还开发出极其简单的浏览软件。此后，互联网开始向社会大众普及。

20年前的新媒体：手机短信

1992年12月3日，英国沃达丰公司的一位员工理查德·贾维斯接收到世界上第一条手机短信“Happy Christmas”，当时他正在英格兰参加一个预祝圣诞节的舞会。

几年之后，手机短信这种通信方式迅速为世界各地的青少年所青睐。在中国，2000年中国移动公司正式开通了短信服务，当年中国的短信发送量达到10亿条。2013年春节仅7天时间，全国各类短信发送量累计达到311亿条。

随着3G业务的推出和普及，手机正成为新一代信息终端，随着手机报、手机电视等的广泛应用，手机成为继报刊、广播、电视和网络后，崛起的第五大媒体，也成为目前影响力最大的媒体。

7年前的新媒体：微博

2006年3月，美国人威廉姆斯发布了Twitter（推特）网站，它支持手机、即时通信、网页等多种客户端来发表文字、图片、音乐、视频等内容。

由于推特可以快捷地进行多媒体交互传播，迅速风靡世界。2007年全球就有上百家仿推特网站上线。这一年，在中国也出现了饭否、腾讯滔滔、叽歪等网站。2009年8月，新浪微博试探性上线。次年，新浪采用此前经营博客的成功经验——拉名人入伙——开始全力打造微博。

2011年，在郭美美、“7·23”动车事故等事件中，微博大显身手，让所有网民都感受到了微博这种多媒体、多渠道迅捷传播和人际间互动的力量。

2012年12月底，新浪微博注册户数量超过5亿，日活跃用户数达到4620万。

2年前的新媒体：微信

微信是腾讯公司于2011年1月21日推出的一款通过网络快速发送语音短信、视频、图片和文字，支持多人群聊的手机聊天软件。2012年3月29日，微信注册用户超过1亿。9月17日，微信用户从破亿到突破2亿只用了不到6个月的时间，而距离产品推出也不过20个月。

下一个新媒体会是谁？

第二篇

面对新媒介：父母的担忧

2

其实人们对新媒介的担忧早已有之。

一百年来，大人们一直忧心忡忡地盯着那些层出不穷的新媒介。

一、媒介像魔弹吗？——从佩恩基金会的研究说起

人们关注大众传媒对社会生活的影响是从儿童开始的，而且是从对新媒体的担忧开始的。

20世纪20年代，一种新媒体在爆炸性地增长，让人们有点措手不及。它不是你熟悉的报纸、广播和电视，而是电影。早在1905年，美国就出现了“5分钱电影院”，票价仅仅5分，它播放一些闹剧短片，一下子吸引了上百万的观众。到了20世纪20年代，电影成了美国普通家庭最有乐趣的经常性娱乐项目。就在那时期，洛杉矶郊区边上一个平淡无奇的小村庄，开始有不少电影厂家安家落户，它就是今天征服了全世界观众的好莱坞。

1922年这一年，全美国每周卖出4000万张电影票，其中1700万张为14岁以下的儿童所购；到了1932年，这个数字变成了9000万张。

那个年代的电影内容和今天的其实大同小异。虽然暴露镜头、性和血腥味相对较少，但依然引起教育工作者的密切关注和不安。当时美国著名教育家埃德加·戴尔对这一时期1500部电影的内容进行了研究，他把电影内容分为十类，结果发现其中三类——爱情、犯罪和性，占到了电影总量的3/4。而这三类，正是当时传统道德标准的大敌。

大人们也忧心忡忡，他们视电影为洪水猛兽，报纸、杂志、宗教社团等都开始抨击电影的种种恶行。这种情形，就和20世纪60年代人们对电视、90年代人们对网络和电子游戏的担忧一样。

当时一位学者这样概括人们的心情：“现在这代成年人并没有真正了解电影，它们是新鲜事物；它们对儿童充满着吸引力；它们表现了许多家长不赞成的思想和情景。如果家长们为这些观看引人注目情节的孩子的幸福考虑的话，就会想知道，

电影对儿童的思想和行为产生了何种影响？”

为了回答公众及各方的疑问，1928年，电影调查委员会邀请了一大批心理学家、社会学家和教育学家来研究与评估电影对儿童的影响。一个私人慈善基金会——佩恩基金会，答应提供这笔调查的资金，这是大众传播学上具有里程碑意义的一项研究。这项经典研究开启和奠定了大众媒介对儿童影响研究的基础。

这项被称为“佩恩基金会调查”的研究，历时3年，由一些著名研究者执行了13个研究项目。1933年，结果以《电影和儿童研究摘要》为题公开发表了《电影和儿童的社会态度》、《电影和道德标准》、《电影内容分析》、《电影与青少年犯罪》等13项专题。其研究结果分为两大类：

一类是电影内容的探讨，即电影到底向青少年表现了什么内容？

另一类是关于电影对青少年的影响，包括对社会态度、情绪、道德、行为、健康等方面的影响。

研究指出，电影确实改变了青少年的社会态度、道德观念和行为（既有正面影响也有负面影响），对电影的批评和忧虑值得社会重视。

不过，佩恩基金会的这次研究还改变了当时大多数人对电影影响的片面认识。当时最盛行的一种传播效果学说叫“魔弹论”。

在20世纪20年代初流行的这一理论认为，媒体的影响就像子弹一样，受到媒体影响的人像中弹倒地一样，深受其害。这种理论把媒体的受众描述成一群由本能控制、没有理性的生活者，他们生活在大众社会中，彼此没什么联系，十分依赖大众传媒的信息。他们被认为是那些控制了媒体的人就可以有效控制的公众。

佩恩基金会研究提出了“影响不一”的问题，它认为“魔弹论”难以解释电影的影响，而且把问题简单化了。

它们的研究结论证明：观看同样的影片，不同的儿童会受到不同的影响，这些影响因儿童的年龄、性别、倾向、理解力、社会环境、个人经历以及父母影响的不同而不同。它提醒人们要研究电影对儿童的影响，不仅要考虑传播内容，还必须考虑儿童接受这些内容时的社会和个人环境，关注儿童为何会注意、如何理解以及记忆了何种信息，不要简单地妄下结论。

佩恩基金会的研究引起了政府的高度重视，它为1930年《海斯法典》的出台提供了重要的理论支持，并使其做出了限制电影中暴力和性内容的数量的规定。

二、每隔十年的诘问

美国另一位著名的传播学者施拉姆在研究电视对儿童的影响时，提出了“儿童是电视的使用者”的理论。他认为，儿童不是孤立、被动的个体，每个儿童都会根据自己的需要、固有的价值观及理性和情感特征，对媒介内容进行选择；同时每个儿童都是社会的一员，他的种族、性别、年龄、家庭背景、社会关系等都会影响儿童对电视内容的理解和反应，最终影响电视效果。

在佩恩基金会的研究之后，几乎每一种新媒体的普及，教育家、家长、社会科学研究者们都会提出与其几乎相同的问题：这种媒介会对儿童产生什么样的影响？我们应该怎么教育已卷入这些新媒介的儿童？这些媒介会不会对孩子产生“坏影响”？

几乎每隔十年，我们就会看到人们对媒介的“诘问”：

20世纪的第一个十年：我们应该带孩子去看电影吗？

20世纪20年代：为什么我的孩子比我更熟悉电台的节目？

20世纪30年代：收音机里的暴力节目是不是太多了？

20世纪40年代：卡通漫画会对我的孩子有坏影响吗？

20世纪50年代：电视对我的孩子究竟有好影响还是坏影响？

20世纪60年代：我的孩子从摇滚乐里学到了什么？

20世纪70年代：电视节目里怎么这么多暴力镜头？

20世纪80年代：我的孩子是不是玩电子游戏玩得太多了？

20世纪90年代：我的孩子使用计算机了，上了网，他会变成什么样呢？

进入21世纪第一个十年：我的孩子用了手机、用了平板电脑，他们会因此变成什么样啊?

…………

回顾20世纪的媒介研究，我们看到这些研究的目的总体来讲是研究媒体对人和社会的影响。

这些研究主要来自两大阵营——社会科学家和文化研究学者，他们之间互相批判和指责。

社会科学家们以试验和内容分析为主进行研究，并得出数百条理论，有代表性的是以下五种：

社会学习理论

人们通过观察其他人，包括媒体所展示的行为，来学习如何行事。

个体差异理论

大众传媒将以不同的方式影响不同的媒体使用者。

培养理论

媒体将塑造或扭曲人们的世界观。

议程设置理论

大众传媒影响你思考的内容和对事物重要性的认识。

使用与满足理论

媒体的使用者积极地选择和使用媒体来满足他们的需要。

文化研究者们（最著名的是麦克卢汉等）是通过对大众媒体信息的“近距离解读”而不只是依靠可控的实验和统计数据来进行研究，如文化研究者考察媒体在某些领域，像阶级、族群和性别、促进价值观形成中所扮演的角

色。他们大多以“批判家”的身份和视角说话，他们抛弃所谓公平、科学的研究，他们往往认为他们相信的东西才是最好的选择。

社会科学家们通常认为文化研究者仅仅靠自己个人对一些文化敏感信息和话题发表个人看法，没有扎实的调查研究证据，因而是非科学的。文化研究者则指出社会科学研究的不足，他们认为很难将科学控制和人类自身的复杂性结合起来，人类思维和自身行为本来就是充满矛盾的，那些所谓严谨科学的访谈其实并没有弄清楚人们脑子潜在的真实、甚至是自相矛盾的想法，统计分析法将大的问题缩减成小的变量来进行测量，但这些结果往往与真实生活相去甚远，甚至这些所谓研究成果也可以导致相互矛盾的解读。一个更大的问题是，这些科学研究往往很难区分“相关性”和“因果关系”之间的不同，比如，100%的杀人犯都喝过牛奶，但却不能说喝牛奶一定是导致他们犯罪的原因。

另外，这些学界的研究往往与普罗大众的生活经验和认识有点距离。比如，对于“媒体对儿童的影响”这一问题的研究，学界研究已经从“强效果”转到了“弱效果”，再进一步到“适度效果模式”，但一般大众凭借自己身边和社会上的经验，仍坚持相信媒体对儿童的影响强大、直接而且大部分是负面的。

导致这些看法不同的一个重要原因是，一般大众无法跟上，也无法弄懂上千种发布的媒介研究成果。这些研究在传播学、社会学、历史学、文学、人类学等领域进行。学术研究者为了获得行业认可，取得成果或学位，往往使用高度专业化的方法和术语，而这其中大部分概念只有专业研究者才能弄明白。或者说，这些研究其实从一开始就没想着让老百姓看明白。

当然，在一些争论里面还有一股重要的力量，就是媒体从业人员，包括记者、主播、电影导演等等。比如，当研究者和大众一致认为电影和电视屏幕上对暴力的宣传导致孩子们的犯罪行为时，导演和电视台台长们反驳道：他们的作品只是对社会现实的真实生活中暴力的一个反映而已。电影《阿甘正传》的制片人史蒂文提奇说：“一个拿着枪的孩子和一个拿着《赤子本色》录像带的孩子，谁的问题更大？”他说，不仅仅是电影，在一个孩子跑出去干校园枪击这件事之前，我们还有其他更多的问题要解决，这是一个复杂的问题。他认为，不应该让反映现实的电影作品为社会问题负责。

所以，如何让媒介更有利于我们的儿童，这是全世界教育界研究的话题。让媒介对儿童产生美好而不是负面的影响，全世界通过四个方面来做：

其一是国家立法。现在全世界出台了很多的法律，保护儿童免受这些不良信息的侵害。我们国家也有很多这样的法规条例。

其二是社会推动。很多社会组织在推动这件事情。

第三是媒体自律。要求我们的媒体从业人员，创作更多健康向上的媒介产品给孩子们。

其四是媒介素养教育。全世界很多教育界、传媒界的人士都在积极推动媒介素养教育。

链 接 》》

《诱惑无辜》：对漫画书的控诉

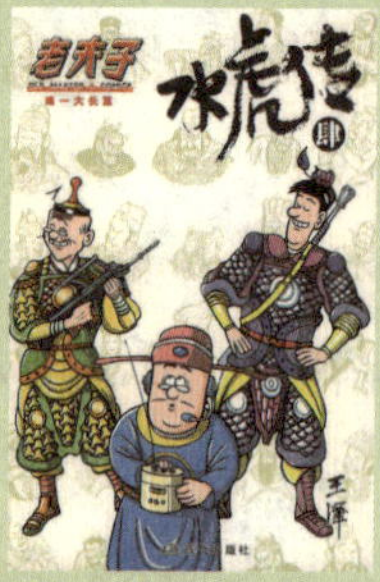

漫画书自20世纪30年代中期就开始流行。1948年，全美国每个月售出的漫画书数量高达6000万册。有些孩子每天花两三个小时看漫画书，很多孩子在学校里看、在睡觉前看，甚至在人来人往的街道上也看。健康专家警告说，孩子们会很难将这个极具诱惑力的娱乐形式与现实生活区分开。而这个担心在1948年获得了证实——有一个小男孩将超人的披风绕在自己的脖子上，从窗户上跳下去，坠楼身亡。

20世纪50年代，心理学家弗雷德里克·魏特汉博士在《诱惑无辜》一书中称，漫画书不仅向青少年儿童展示了扭曲和危险的生活观，更通过许多不同的方式教会他们犯罪技巧，甚至可能会引发他们犯罪。这个问题在当时引起了公众的关注，家长们开始禁止他们的孩子买漫画书看。

尽管魏特汉的研究有很大的影响力，但其成果却未有科学数据的支持。后来，有重新研究魏特汉成果的研究人员指出：一个问题孩子的极端行为并不一定就是由漫画书引起的。

流行文化使我们更聪明吗

社会科学家通过研究智力（IQ）测试表明人们正变得越来越聪明。大部分科学家将智商的上升归功于经济的进步、更好的营养和教育等因素。《坏事变好事：大众文化让我们变得更聪明》的作者史蒂文·约翰逊却提出：让我们变得更聪明的东西恰恰是我们以为会使我们变笨的东西——大众文化。

以电视为例，约翰逊指出电视剧的故事情节比30年前更复杂、更具挑战性。例如，喜剧《辛普森一家》就包含政治、经典电影和现代哲学等。电子游戏也与传统拥有清晰游戏规则的棋类、纸牌等不同，电子游戏要求玩家在玩的过程中发现规则，在思考和解决问题中变得更加聪明。不过，约翰逊也承认大众文化只在某些方面使我们更聪明。

有批评家指出，电子游戏和电视节目等可能确实能让我们变得更聪明，但同时它们也会给我们带来新的困惑和担忧，它们可能不能让我们成为更好的人或帮助我们建立更好的社会。

第三篇

3

“媒介素养教育”：比登陆月球更重要的事业

一、媒介：资源、工具与环境

二、“素养”：与时俱进的概念

三、“知沟”：信息时代的文盲

四、“媒介素养教育”的历史

知识库：世界各地的“媒介素养教育”

链接：能力与赋权

五、家有“苹果”：第一代承担“媒介素养教育”的家长

（一）媒介改变家庭教育

（二）家长更需提升“媒介素养”

链接：美国的“媒介素养家庭教育”

一、媒介：资源、工具与环境

很多家长之前可能都没听过“媒介素养”这个概念，只听说过“文学素养”、“艺术素养”……为什么会提出“媒介素养”这个概念呢?

这是因为在信息时代，媒介对我们来说太重要了。

首先，媒介是我们在信息时代获取信息资源最重要的工具。

想一想，人类文明的历史是一部获取、占有、争夺和创造资源的历史。人类最早认识到的是物质资源，人们最早狩猎、种植农作物、从事畜牧业，都是为了占有或创造物质资源。其后，人们从认识火开始，接着认识到能量资源的重要，再接着人们从石头开始制造最简单的工具，后来发展到各种机械，现在人类可以用蒸汽、电力等物质驱动机器，获取远大于人力和畜力的能量资源。

再然后，人类认识到信息资源的重要。人类认识到信息的获取、占有、处理、利用和释放对经济活动的巨大影响，人们认识到人类的生产活动的相当部分，是直接或间接地以信息作为生产、加工对象，信息资源不仅本身就是财富，还能创造财富。

物质、能量和信息三个要素进入人类社会的核心位置，标志着人类文明的不断进步。

而在信息时代，媒介成为传播获取信息的工具。也就是说，对个人来说，谁更善于利用媒介，谁就有比别人更强的获取资源的能力。也就是说，“媒介素养”的高低将影响一个人在信息时代获取资源的能力、与人交往的能力、学习分享的能力。同时，在信息时代，媒介本身也成为一种重要资源。谁拥有了媒介，就意味着在信息时代占有了更多的资源和权力。小时候我们常听到一句话，书籍是人类进步的阶梯。而到了信息时代，随着新媒介的发展，图书只是媒介的一种，电子化的媒介作用越来越大，因此，现在我们可以说“媒介”是人类进步的阶梯。

其次，媒介是我们的生活环境。在信息时代出生的孩子，一生下来就处于媒介化的生存之中。

一直以来，家庭（父母）、学校（教师）、同辈群体和大众传媒被认为是影响少年儿童成长的“四大影响源”。根据各因素的重要性和影响程度，其结构程式依次排列为：“家庭—学校—同辈群体—大众传媒”。而今发现，这一影响因素的结构次序已改变为：“大众传媒—同辈群体—学校—家庭”。大众传媒成了信息来源最广，对少年儿童思想、心灵影响最深刻的第一影响源和第一影响力。

有研究数据表明，从幼儿园到初中毕业的12年时间里，儿童接触电视的时间长达1万多小时，接触网络的时间更长，远远超过他们学习的任何一门课程的时间。以报刊、广播、电视、互联网为代表的大众传媒正通过视觉性、趣味性、通俗性较强的艺术娱乐形式，潜移默化地改变着儿童的人生观、价值观和行为方式。但大众传媒同时也是一把双刃剑，在发挥巨大社会功能的同时，其各种负面效应也逐渐凸显出来，成为一个不可忽视的社会问题。如何帮助儿童认识传媒，选择和接触传媒，解读、甄别和判断传媒信息，充分有效地利用大众传媒，是当代家长需要教给孩子的一项必备的社会基本生存能力和生活技能，这就是“媒介素养教育”。

如果说，媒介是儿童的生存环境，“媒介素养”则决定了我们适应环境、利用环境的生存和发展能力。套用达尔文的适者生存理论，现在的信息时代是“适媒者生存”。在美国，有人把“媒介素养教育”称为“比登陆月球更重要的事业”。

二、“素养”：与时俱进的概念

英文中传统“素养”的定义是指基于印刷物的读写能力。也就是说，“素养”这个概念与印刷类媒介有关，特别是书籍。文字出现以来，读写能力便是人们参与社会生活必须具备的基本能力，也是教育的基本任务。古人把孩子接受教育通俗地概括为“读书识字”即是此意。

但在电子媒介出现之后，特别是网络出现后，这一概念的解释就体现出极大的局限性。因此才出现了“媒介素养”、“信息素养”、“图像素养”、“电视素养”、“网络素养”等概念的延展和补充。可见，随着人类媒介的发展，“素养”这个词也成为一个与时俱进的历史概念。有专家认为信息时代的“素养”应该是“个人与外界能进行合理而有效的沟通或互动所需具备的条件”。

信息时代之前的教育，是老师在课堂上，通过书本教授知识，而在信息时代，无处不在的各种媒介时刻传播着各种信息，对孩子的教育时刻在产生影响。传统意义上的“素养”主要指的是读写能力，而信息时代仅靠读写能力，已经满足不了时代发展要求了。在新媒体时代，人们对海量信息的获取、辨别、分析、传播能力；人们对多任务的处理能力；人们面对无处不在的屏幕，对图像的获取、制作能力；人们通过新兴社交媒体与人沟通、交往、进行表达的能力，都是传统“素养”概念无法包含的。因此，“媒介素养”这一概念就被越来越多的人关注。

就像一提到“艺术素养”的教育，人们就会想到艺术家，一说起“文学素养”的教育马上想到文学家一样，一讲到“媒介素养”人们往往想到记者、编辑这些大众传媒行业的专业人员。其实，在学界也把“媒介素养”作为新闻传播学的“基础素养”。但是新媒介的发展，使得这一概念也大大拓展了。因为在微博时代，人人都可以成为记者。也就是说，每个普通人不只是媒介的被动接受者了，他们还是媒介的使用者和传播者。因此，以前适用于记者、编辑学习的基本传播学、新闻学的专业知识，正成为每个现代人的通用知识和常识。这有点像“交通素养”的概念，我们小时候学交通知识，主要讲红灯停、绿灯行，过马路要走人行线之类的。而现在的“交通素养”，还要讲高速公路、收费站。因为现在经济发展了，人人未来都可能成为司机，以前只是讲行人的“交通素养”，现在则要讲到作为司机的“交通素养”。当然，社会的分工还会有专业的司机，但以前专职司机的基础驾驶、交通知识，现在已成了普通人的常识。

三、“知沟”：信息时代的“文盲”

1970年，美国传播学者蒂奇诺等人在一系列实证研究的基础上，提出了这样一种理论假说：“由于社会经济地位高者通常能比社会经济地位低者更快地获得信息，因此，大众媒介传送的信息越多，这两者之间的知识鸿沟也就越有扩大的趋势。”这就是“知沟”理论的由来。也就是说，现存贫富分化的经济结构决定了信息社会中必然存在两种人，一种是“信息富有”阶层，另一种是“信息贫困”阶层。

1974年，随着新传播技术的发展，美国学者卡茨曼提出了“信息沟”理论。该理论认为：

第一，新传播技术的采用将增加整个社会的信息流量和信息的接触量，这对每个社会成员来说都是如此。

第二，新技术的采用所带来的利益对每一个社会成员来说并不都是均等的。现有信息水准较高、获取信息能力较强的人，能够比信息水准较低或获取信息能力较弱的人获得更多的信息。其理由有四点：

1. 传播新技术的早期会给那些传播活动活跃、信息积蓄量大的社会群体带来更多的利益。

2. 接触和使用新媒介技术和传播内容需要具备相关的知识，这对现有获取信息能力较弱的人是不利的。

3. 采用传播新技术需要一定的经济条件和其他相关资源，而现实社会中，人们的经济条件是不同的，资源的分配也是不均等的。

4. 受众现有信息水准的程度与他们采用新媒介技术的积极性成正比，主观因素也决定了社会经济地位高者处于有利地位。

第三，电脑等机器处理和积蓄信息的能力要比人的能力强大得多，信息富裕阶层通过早期使用、熟练使用这些先进的信息传媒，能够比其他人拥有更大的信息优势。

第四，新媒介技术层出不穷，升级换代周期越来越短，其趋势很可能是，“老的信息沟”还未填平，而“新的信息沟”又出现了。这种情况，在新媒介的使用过程中尤其明显。

个人要提升自己在信息社会的竞争力，就必须提高自己的“媒介使用的能力”。但是，如果个人没有强烈的求知欲望，没有勤奋、持之以恒的意志品质，仅仅把电脑、电视、手机等媒介当成娱乐消遣的工具，缩小“知沟”、“信息沟”的目的是难以实现的，这部分人就会在信息高速公路中落伍甚至被淘汰。从这个意义上说，不懂得媒介知识，不掌握新媒介技能和素养的人，就像在印刷时代不会读书写字一样，是信息时代的“文盲”。

四、“媒介素养教育”的历史

据加拿大媒介素养教育专家的考证：德国是世界上首先引入媒介教育的国家。该国在17世纪开始出版日报并将报纸引入课堂，让学生通过报纸内容了解德国社会。世界上最早鼓励“媒介素养”的团体是天主教会。1938年庇乌十一世（Pius XI）发布昭告，即写了一封致天主教徒的信：鉴于电影已成为年轻人生活的重要部分，应该对年轻人开展关于电影的教育。不过，学界通用的说法是，20世纪30代，“媒介素养教育”起源于英国，成长于加拿大、美国以及其他欧美发达国家。

正式在研究文章中提出“媒介素养教育”的英国文化研究学者利维斯，于1933年与汤普森出版了文化批评论著《文化与环境：培养批判的意识》，首次倡导“媒介素养教育”。同一时期，丹麦的一些教育工作者开始倡导并尝试在中小学开设“媒介素养教育”课程或讲座，以培养学生对正在普及的电影、广播等视听媒介的欣赏和判断。随着电视的出现和其他媒介渠道的更新，特别是20世纪70年代以后，无论是在发达国家，还是在发展中国家，人们接触和享用传媒资源的机会和时间都在增加，越来越多的国家和地区感受到了加强“媒介素养教育”的必要性。

在欧洲，一些国家的政府部门对学校实施“媒介素养教育”做了规定，要求小学、中学乃至大学开设“媒介素养教育”课程，或在有关学科中增加“媒介素养教育”的内容。

概括地说，“媒介教育”经历了一个“抵抗媒介”到“学习与媒介共存”再到“科学利用媒介”的过程。

纵观世界各国“媒介素养教育”发展的过程，大致分为三个阶段：第一阶段是1930年至1960年，“媒介素养教育”概念提出后，逐步推广到欧美发达国家，引起社会学、传播学、文化学、教育学等领域学者的广泛关注和研究，一些国家开始倡导和尝试在大、中、小学开设“媒介素养教育”的相关课程和讲座；第二阶段是1970年至1980年，许多国家和地区在青少年中开始普及“媒介素养教育”，由于各国政府和联合国教育、科学及文化组织（简称联合国教科文组织）的介入，学校的“媒介素养教育”开始形成规模，英国、澳大利亚、法国、加拿大、芬兰、挪威、瑞典、瑞士等国家将“媒介素养教育”正式纳入正规的教育体系，并不断重视和强化；第三阶段是1990年至今，随着计算机的普及、网络的兴起，以及数字多媒体技术的广泛应用，媒介在社会中的地位和作用日益突出，对青少年的影响越来越大，“媒介素养教育”不仅在发达国家进一步规范、深入，还开始向许多发展中国家扩散，“媒介素养教育”被视为公民教育的基本教育内容，形成了以政府引导为基础、各种非政府的学术组织和社会团队广泛参与、社会化与国际化的教育格局，成为了具有信息时代特征的世界性现象。

联合国教科文组织自1960年介入“媒介素养教育”，几乎每10年就举办一次传媒教育的国际会议。1978年，联合国教科文组织出台了《媒介素养教育方案》。1982年，联合国教科文组织在国际“媒介教育”研讨会上发表了《关于媒介教育的格伦沃尔德宣言》，提出政府和教育系统都应当促进公民对传播现象的批判性理解，并应促进公民参与到媒介运作中。2007年，联合国教科文组织发布了《关于媒介教育的12项建议》。2008年1月，联合国在西班牙马德里召开

的“文明联盟论坛”，首次将“媒介素养教育”议题列入会议专场。

“媒介素养教育”在我国的发展，有一个曲折的过程。

其实早在20世纪20年代，民国时期著名记者邵飘萍就曾经呼吁“新闻知识应列入国民普通知识之一”，这应该算是我国最早的“媒介素养教育”理念。在20世纪90年代，中国的一些专家、学者开始把“媒介素养教育”引入中国并开始逐步在学校中推广实践。

随着经济的发展，我国新闻出版、IT通信产业和新闻传播事业迅猛发展，目前我国的电视用户、手机用户和网民数量都是世界第一。2012年第一季度，中国又首次超越美国成为全球最大的智能手机市场，这意味着在移动互联网这一波浪潮中，中国首次与世界同步，并走到了世界前列。

在新一波的移动互联网浪潮中，中国的少年儿童与世界发达国家的少年儿童对新媒介的应用几乎保持同步发展。

然而与世界发达国家相比，我国对于媒介教育的研究和实践还相当薄弱。但是我们相信，随着全社会对媒介的重视和新一代中国家长观念的提升，中国的媒介研究和“媒介素养教育”，终将伴随着媒介的高速发展，一同进入迅速普及与深入发展的快车道。

世界各地的“媒介素养教育”

英国

1986年，英国教育和科学部与英国电影学院合作成立了全国初级媒介素养教育工作小组委员会（National Working Party for Primary Media Education）。1988年，该委员会在一份名为“面向5岁至11岁学生的英语教学”的文件中明确指出，“媒介素养教育”对于英语教学的传统目的和关注的问题是至关重要的。1990年，这个委员会在其提交的《11至16岁学生的英语课程设置》的报告中，提出了同样的建议。到1997年，英国已有将近2/3的学校开设进阶式媒介研究课程，并有超过1/3的中学毕业生参加媒介研究学科的中等教育证书考试。现在，英国许多学院都设有“媒介素养教育”的教师培训项目。

法国

法国早期的“媒介素养教育”，尤其是有关电影的“美学欣赏教育”是由电影协会、学校俱乐部和青年活动团体共同举办的一项课外活动。1979年，与青年教育工作有关的几个法国政府部门——农业部，教育部，家庭、文娱、青年及体育部，联合开展了一项名为“主动的电视青年观众（Young Active Television Viewers）”的教育活动，这项持续数年的全国性的教育活动，目的是“培养青少年积极主动的电视收视习惯”，活动组织者呼吁所有负有教育责任的人，包括家长、教师和青年俱乐部组织者、社区工作人员等，都应充分考虑到电视对青年所产生的影响和作用，力求将“音像教育”升格为学校教育的一个有机成分。

澳大利亚

澳大利亚被认为是当代西方最重视“媒介素养教育”的国家之一。在澳大利亚，几乎所有的州都将“媒介素养教育”单独或放在英语课中作为学生的必修内容。1973年，澳大利亚西部开始实施一项媒介研究计划，有60%的学校为8年级至12年级的学生开设了“媒介教育”课程。1978年，这一计划又扩展成一个新的项目：“媒介启蒙”，意思是在小学讲授媒介知识和影视扫盲课程。到1985年，该州多数小学都不同程度地开展了“媒介素养教育”活动。在西澳大利亚州和维多利亚州，为了支持教师从事“媒介素养教育”，设立了“媒介素养教育”学位。澳大利亚的全国性教师组织“澳大利亚教师媒体”（Australia Teachers of Media）

每隔18个月由其各州成员组织轮流主持一次全国性的会议，讨论有关“媒介素养教育”的问题。

加拿大

加拿大是全世界“媒介素养教育”最为普及的国家之一，由于“媒介素养教育”协会（The Association for Media Literacy）的努力，安大略省最先将“媒介素养教育”引入课堂教育。到1987年，加拿大已有50家大专院校提供90多个“媒介素养教育”项目，其中包括单个短期课程和完备的4年学位课程。至20世纪90年代初期，全国大部分省份都成立了“媒介素养教育”协会。

如今，加拿大教育界已普遍接受了这样一种观念：青少年要想成为一个具有文化素养的人，就必须具有视读、理解不同形式信息的能力，此外，他们还应当具备健康的批评思维技能。

美国

美国的“媒介素养教育”起步较晚，但自20世纪70年代末以来，建立和开展“媒介素养教育”的努力逐渐得到各方人士和团体的支持与响应。加利福尼亚、夏威夷、新墨西哥等州已将“媒介素养教育”的内容列入学校教育大纲中。全美有若干组织良好且参加者颇众的“媒介素养教育组织”及定期会议。1994年4月，经克林顿总统签字生效的“目标2000：教育美国法案（Goals 2000: *Educate America Act*）”鼓励学校在9个核心学科中制订自己的内容标准。其中，艺术学科的课程内容标准包含小学和中学各年级的“媒介素养教育”内容。加利福尼亚州已通过了一项有关“媒介素养教育”的立法，以之抵制和抗衡电视暴力的影响。夏威夷州则通过“媒介素养教育”来防范和减少种族歧视与民族偏见。北卡罗来纳州、佛罗里达州和新墨西哥州也都通过相关立法来推行“媒介素养教育”。许多社会团体将“媒介素养教育”视为同媒介暴力、毒品、烟草和酒精作战的有利武器。

日本

亚洲开展“媒介素养教育”较早的国家是日本。20世纪60年代以后，日本国内开始有学校试行“屏幕教育”，内容包括电影评析和电视评析，目的是帮助儿童了解大众传播的特性和现实，

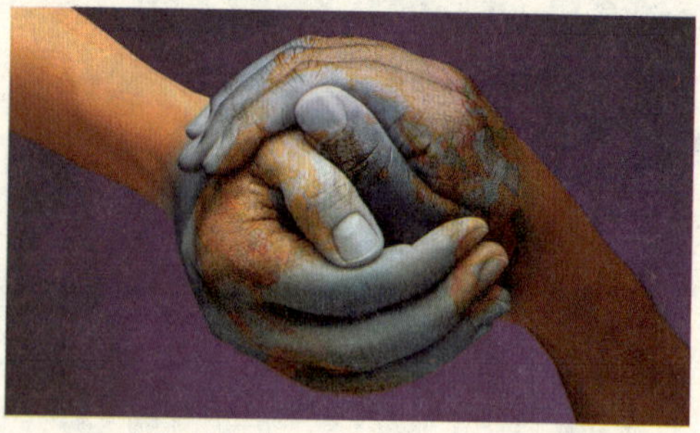

培养他们对大众传播的正确态度，实施这类教育的学校有时还邀请家长到学校和教学人员一起讨论电视节目。20世纪70年代中期，“儿童与公民电视论坛”等民间团体通过筹办会议，组织专题研究等形式大力倡导“媒介素养教育”，并将加拿大的“安大略媒介素养教育资源指南”译成日文介绍给国内从事教育和媒介研究的各方人士。最近，日本已经开始有“媒介素养教育”方面的教师培训，出版了若干有关“媒介素养教育”的手册和论著。

新加坡

新加坡的“媒介素养教育”起步较晚，但有独特的运行机制，具有“政府协调、公益资助、商业运作”三大特色。在新加坡国家教育部的官方文件中，“媒介素养”被定义为：通过对媒介所传达的信息的接触，对信息进行分析、评价并且创新。“媒介素养教育”根据教育对象的不同，大致可分为两类：一类是面向中小学校学生的“媒介素养教育”课程和活动，一类是面向社会公众的“媒介素养教育”项目和活动。

新加坡媒体发展局从2012年8月1日起设立了“媒介素养”理事会，由来自各行各业的21名成员组成，将与政府机构、私人机构以及社交媒体业界人士合作，在“媒介素养”和互联网虚拟空间方面引领并推动公众教育，提高公众对“媒介素养”的认识，同时推动媒体环境向安全和文明的方向发展。“媒介素养”理事会的宗旨就是提高新加坡人的媒体认知水平，让每个人都能够从网络、传统媒体和新媒体中最大限度地受益。

中国香港特别行政区

中国香港特别行政区的“媒介素养教育”在20世纪80年代已经酝酿，但真正的发展还是20世纪90年代末香港回归中国以后的事。2000年香港特区政府发表了两份重要文件，提出教育改革的目标是希望通过终身学习，全面提升学生的素质。除了对伦理、知识、社交技能、美学鉴赏等传统素质的强调，人们还希望香港的学校能培养出新一代具有自学、独立思考和探索新领域能力的学生，使他们能够学会做自由民主社会中的合格公民。香港的教育学者普遍认为“传媒教育”的理念与政府推行的教育改革精神相契合，有助于培育知识型人才。教育官员亦鼓励老师在课堂及课外活动中加入“传媒教育”，由于媒体技术在学校中的广泛应用，在过去十年间，香港的“媒介素养教育”有着显著的进步。

中国台湾地区

“媒介素养教育”在20世纪80年代中期就引起了中国台湾地区有关专家学者的注意，台湾政治大学广播电视系于1999年率先成立台湾政治大学媒体素养研究室，政府与民间历经多年的耕耘努力，终于在2002年10月，由台湾地区“教育部”出台了《媒体素养教育政策“白皮书”》。

在台湾地区还有一批民间社团积极推动“媒介素养教育”，如媒体识读推广中心、富邦文教基金会和媒体观察教育基金会。在中小学方面，自2001年开始即以国小教师为对象，进行“国小媒体识读教育师资培训计划”，希望借此培养具有“媒体素养”与教学能力的教师，协助开展儿童“媒体识读教育”工作，以全面提升儿童的“媒介素养”。2008年台湾地区的教育部门将在微调后的小学和初中九年一贯课程纲要中，新增“媒体素养基本技能”，2011学年正式纳入教科书内容。台湾地区的教育部门成立“中小学媒体素养教育推广计划”项目小组，目的是培养少儿具有聪明使用媒体的素养。

链 接 》》

能力与赋权

世界各国关于“媒介素养教育”的理论和实践非常丰富。从目前全世界“媒介素养教育”的理念来看，有两个关键词：能力和赋权。

能力：

“媒介素养”作为少年儿童的基本素养之一，也是信息时代儿童成长、发展的必备能力之一。在国际教育学界，现已普遍认可“媒介素养”是儿童的重要素质和能力。美国媒介教育学者詹金斯说，“媒介素养应该被看作是一项社会技能，是年轻人必须学习的技能，如果他们想要平等地参与到明天的世界中去的话。”在美国、加拿大，有不少“媒介认知能力”和“媒介素养教育”的国际组织，定期开展“媒介认知能力”方面的会议。

德国的媒介教育学家巴克认为，每个人都有能力通过媒体表达自己的想法，但这种“媒介素养”必须进行不断训练和学习。微博等新媒介使人们的交流能力空前提高，正如以色列学者谢尔所说，我们正处在一个转换的时代——一个全新的交流时代，在这个由微博推动的、正在到来的“交流时代”，如果我们还没能跟上它的脚步，就可能被时代所抛弃。这也就是说，现在就要鼓励小朋友使用新技术、新媒介，因为这是他们必须掌握的一项基本技能。很难想象，我们的小朋友以后如果不会用微博，不会用社交网络跟人交流，他们在社会生活中会是怎样?

赋权：

国际社会普遍关注儿童享有“媒介资源”的权利问题。1959年11月20日，联合国大会通过了《儿童权利宣言》，其中就规定了儿童在媒介使用方面有如下权利：媒介接近权、有益信息的知晓权和媒介参与权。

一是媒介接近权。成年人应该鼓励我们的儿童接触各种媒介，而不是瞒着他们、禁止他们，当然这还有一个合理使用的问题，由于未成年人的自制能力较差，需要成年人的帮助。

二是有益信息的知晓权。就是家长和老师有义务要把有益的信息告诉儿童，这是我们信息时代教育者的重要责任。

三是媒介参与权。通过媒介理性表达主张，积极参与社会建设。

五、家有“苹果”：第一代承担“媒介素养教育”的家长

数字时代出生的孩子，需要与时代相适应并具备相应能力和素质的新一代父母。因此，我们可以说“00后”孩子的家长是中国第一代承担起“媒介素养教育”的父母。

（一）媒介改变家庭教育

我们要充分认识到，新媒介的发展正改变着亲子关系，深刻地影响和改变着家庭生活。

无所不在的新媒体正冲击着家庭的传统生活方式，大量的社会调查分析表明，在家庭中，许多的传统引导方式已离我们远去，通过书刊的内部引导方式也在逐步降低影响力，通过大众媒介和同伴引导方式的作用日趋凸显，家长不再能垄断信息和道德文化。

对孩子来说，媒介在家庭中扮演着四种角色：

首先，媒介是信息和知识的重要来源。现在青少年在家庭中了解知识不单靠家长，更多的是靠媒介，家长的权威地位受到了前所未有的挑战——家长一方面诧异

于孩子接受媒介信息的速度之快，另一方面也为自己丧失权威而感到苦恼。

其次，媒介是社会价值观念的传播者。当前青少年喜欢的书籍、电视节目、电影、卡通漫画、各类明星等每天都在向他们渗透着各种各样的社会价值观念。

再次，媒介是现在青少年娱乐交往的玩具和工具。青少年学生在家中大部分时间是在和各种媒介打交道，比如看电视、玩游戏机、上网、看影碟等，与父母交流的时间只占到很少部分。电脑、电视、手机、Pad等媒介使青少年学生可以不再依赖父母而进行活动。

最后，媒介还是“社会学习”的指导教师。“社会学习”指青少年学习适应社会环境的过程。媒介是一个无形的老师，它会为青少年提供丰富的拟态化的社会环境，更多类型的人以及更多的冲突解决方式供青少年学生参考，使青少年学生学会如何去适应瞬息万变的现实社会环境。同时，媒介还是增进两代人感情生活的桥梁。现代社会的发展使人们的生活节奏不断加快，从而导致父母与孩子之间沟通的时间越来越少，但是，两代人可以通过观看共同感兴趣的节目进行交流、探讨，这是缩小“代沟”及“知识沟”的极好方式。

从媒介在家庭中扮演的角色可以看出，家庭是青少年接触媒介和受媒介影响的主要场所，也是塑造他们媒介使用习惯的重要场所。随着居民生活水平的提高，在电视机、电脑、手机已经普及的条件下，目前我们所能接触到的媒介都将会进入千万百姓家，家长扮演一个较主动的角色，帮助他们的子女选择合适的媒介，教导子女选择有益身心的媒介内容，这必然是家长不可推卸的责任。由此可见，“家庭媒介素养教育”在青少年“媒介素养教育”的整个环节中的重要地位不言而喻。所谓“家庭媒介素养教育”，就是家长与孩子共同学习媒介的相关知识，提高“媒介素养”。在这个过程中，家长通过已有的知识和阅历引导孩子正确使用媒介，并建立应对信息的综合能力，引导孩子趋利避害，同时为自己的生活和学习服务。

（二）家长更需提升“媒介素养”

美国著名的人类学家玛格丽特米德在《代沟》中从文化的传递方式出发，将文化划分为三种类型。第一类型：前喻文化，即晚辈主要向长辈学习；第二类型：共喻文化，即晚辈和长辈互相学习；第三类型：后喻文化，即长辈反过来向晚辈学习。

“苹果世代”的家庭正处于“共喻”和“后喻”时代之中。

在“苹果世代”家中，家长显然已经无法扮演传统时代的信息权威的角色。在“阅读时代”和“电视时代”，父母们还可以充当一个积极的角色，进行“阅读指导”或“指导孩子看电视”。到了计算机和互联网络时代，父母们尤其是中国父母已经不再具备引导孩子的能力，一些家长对新兴传播媒体一窍不通，有些家庭的父母对新兴传播媒体的掌握和熟练程度与孩子相比逊色很多。现在对于网络、电脑、手机游戏，小朋友学得比家长还快；对于互联网、QQ、微博等新媒介的应用，许多小朋友比父母还厉害。以前由于比孩子懂得多，父母在孩子面前很有权威，孩子很崇拜父母。以前孩子不懂的都问父母，现在孩子可以上“百度”、“Google”搜索信息，不需要再问父母了。

现在年轻的父母都感叹孩子越来越难教了。你讲个道理，他马上也讲出一堆道理来。这些道理有些是从同学、朋友那儿听来的，有些就是在电视、网络上自己看到的。如果父母不及时学习，在引导和教育子女问题上就会显得捉襟见肘、无可奈何。另外，随着知识更新的加快，家长所学习的一部分经验、知识已经没用了，而年轻一代所创造的技术正在改变着世界，现代父母们必须看到这一点。所以，当父母与孩子坐在计算

机前，一起在互联网上“冲浪”时，他们是真正的朋友，是需要互相学习的朋友，父母甚至要“以孩子为师”。美国著名的未来学家尼葛洛庞帝说：“我们从没有这么需要以孩子为师……”

因此，在信息时代父母更需要提升自己的“媒介素养”，如果父母没有相应的“媒介素养教育”，他们就没有能力教育好自己的孩子，家长应该是孩子在信息时代的最佳监护者和引导者，因为家长最了解自己的孩子。家长关注、指导孩子使用新媒介，是保证孩子安全的最有效的方法。只有家长具备了一定的媒介知识、技能，才能与孩子形成对话和交流，孩子才会更愿意聆听家长的指导。否则，孩子很有理由认为“你什么也不懂”，没有资格对他指指点点。因此，家长要先从自身做起，有意识地学习与“媒介素养”相关的知识，提高自身的“媒介素养”。家长应树立终身学习的理念，与时俱进，不断接受并学习新鲜事物，和孩子共同进步。

不过，现在的家长确实严重缺乏相关的知识和技巧。现在的家长，遇到很多以前没有的问题，以前父母并没有教，现在社会上也没有什么人来教，所以缺乏相关的、针对媒介的知识和技巧，这导致了很多问题的发生。

那怎么办？我们建议：第一是了解，第二是学习，第三是行动。

了解。就是要充分了解我们的孩子，他们接触了哪些媒介，使用媒介做了什么，哪些是有益的，哪些可能存在风险。只有通过观察和了解，才能有针对性地实施相应的教育和学习。

学习。新媒介的发展一日千里，这方面家长不能落在孩子后面了。家长不但要及时更新知识，更要积极学习国际上先进的“媒介素养教育”的理念、方法和技能，做信息时代的优秀父母。

行动。教育关键是行动，父母们再忙也要拿出一定的时间来实施教育，与孩子一起学习，共同成长。

最后送给所有父母实施“媒介素养教育”的八个原则：适时管控、沟通引导、平衡分散、共同学习、平等沟通、直面问题、主动引导、积极使用。

好，让我们开始行动吧！

链 接 》》

美国的“媒介素养家庭教育”

美国1996年已有百万儿童进入“信息高速公路”，当年即出版了若干册帮助父母指导孩子的书籍。美国的“媒体与家庭国家研究所”长期致力于同父母、监护人、组织和公司一起为美国的家庭能够更好地消费媒体而努力，通过向父母提供相关信息，帮助他们采取有效措施，还组织各种形式的教育活动，如发起名为“Media Wise”的运动，其宗旨为“关注您孩子所观看的”（Watch what your kids watch），大力提倡更加健康的媒介行为，通过志愿者进入社区授课指导的方式，帮助父母选择适于孩子的媒介接触策略。面对诸多孩子过度观看电视所造成的身心影响，华盛顿州的“电视关机联盟”与美国儿科医学会提出了家庭电视观看管理原则：

规定孩子每天可以看多少小时（不超过2小时）的电视，何时看。

不要将看电视作为奖赏或惩罚的项目。这样只会提高电视在孩子心中的地位。

不要让孩子在吃饭或做功课时看电视。可以把想要看的节目先录像，之后再看。

避免让电视变成孩子的“保姆”。好好安排家中作息时间，和孩子一起做家务，避免用电视来安抚孩子。

运用节目表和节目分级信息选择或安排小孩可看的节目。看完选择的节目后就把电视机关掉或者寻找其他优质的影音节目观赏，可参考民间组织提供的优质节目信息进行选择。

找机会跟小孩看节目，并且跟他讨论所看到的内容。确保让小孩理解电视节目是人们建构或虚构的（戏剧或卡通）。别让孩子观看太多暴力与性活动情节的卡通或新闻。如果小孩观看商业电视台，要跟他解释广告的存在，并讨论广告的功能与目的。

成年人要自我约束看电视的习惯，以身作则，率先垂范。甚至可以考虑在一个星期中，拿出一天定为“无电视日”。

第四篇

4

问答录：家长“媒介素养教育”锦囊

电　视

Q1 哪些孩子可以看电视？

一般来讲，小于2岁的孩子，每天接触电视的时间最好控制在20分钟之内；2岁至4岁的孩子，则控制在40分钟左右；对于4至6岁的孩子，每天一个小时足矣，最长不要超过2个小时，每周累计不应超过5个小时。

Q2 孩子可以在什么时间看电视？

我们鼓励孩子有规律地看电视。父母可以和孩子一起看电视报或者节目预告，帮助孩子选择想看的节目和播出时间，并且根据他的年龄段以及吃饭、外出和睡觉的安排，来确定每天看电视的时间。

Q3 我们应该给孩子看什么节目？

好的儿童节目应该综合了积极的社会课程（比如什么叫做“分享”）、基础知识（比如简单的算术）或者简单技能（比如跳舞）。有些父母为了便于控制，购买VCD或者DVD的儿童节目给孩子观看。这个时候最好不要轻信节目的宣传，去听听其他家长的意见，或者索性自己浏览一遍是最好的办法。此外，让孩子去看最受大家欢迎的节目也是一种捷径。

Q4 怎样控制孩子看电视的时间？

孩子迷上电视节目，并非一朝一夕，特别对孩子感兴趣的电视剧，如果采用强迫的方式，必然造成与孩子更大的矛盾，共同协商是目前你可以尝试的方法。与孩子一起把一天的作息时间重新安排，合理排出他们学习、休息和看电视的作息表。如明确吃饭不能看电视，已约定的做作业时间不能看电视，如果在规定时间内完成作业，剩余的时间可由孩子选择看电视，每晚十点半后

不能看电视，规定下来让孩子签名，你也签名，共同执行约定，双方都要遵守。然后可以和孩子约定，在周末、节假日，有益孩子的节目播放时，允许他多看。这样，孩子会对你的开通而感激，知道父母对他是松弛有度的。

每次在开始看电视之前就要遵守约定，要提前给孩子适当的提醒："你还有10分钟的时间可以看，等会儿我们要做其他事。"这样可以给孩子一个心理缓冲的时间，不至于太突然地说结束就结束。

Q5 怎样避免孩子沉迷于看电视?

1. 培养孩子广泛而有益的兴趣，使他们通过丰富的活动获得乐趣。例如，教孩子剪纸、下棋，同孩子一起旅游等，以增强其对大自然的热爱和对各种娱乐活动的喜好。

2. 要鼓动孩子同其他小朋友一起玩耍，使他在与小朋友的共同活动中培养和提升独立性、进取心、同情心等良好的品质。

3. 家长要给孩子做个好榜样。比如，不要一边吃饭一边看电视，不长时间看电视等。

Q6 如何正确指导孩子收看电视?

1. 保持适当距离

不能让孩子黏在电视机前，通常适合看电视的距离为荧光幕5—6倍的长度，父母可在椅子与电视机之间，摆上桌子、茶几等隔出安全距离。保持正确姿势和注意控制看电视的时间，约半小时休息一下，可以减小孩子近视的可能性。

2. 提出问题，了解孩子对节目内容的看法

与孩子一同观看节目时，可以从聊天中了解孩子的想法，适时纠正孩子的错误观念，进而在人、事、物的判断方面对孩子做出正确引导。

3. 启发孩子的想法

在与孩子一起观看电视时，不妨提出一些问题并举例，让孩子去联想，鼓励孩子一起思考，启发孩子的想象力和思考判断能力。

4. 对孩子提出的疑问，尽量给予明确、肯定的回答

一些电视节目孩子看了之后会有些疑惑，此时父母应正确对待孩子提出的问题，在自己了解的范围内，尽量给予正确的回答；千万不要有搪塞、敷衍的态度。除此之外，发现孩子受电视影响而有不当行为时，父母应适时给予督导，以纠正孩子的行为和观念。

5. 分享并增进亲子沟通

专家指出，为人父母者应多付出实际的关爱行动，选择好的、适合的电视节目陪孩子一起观看，并与孩子交流，增进孩子对电视节目的理解。如果父母能做到以上要点，电视不仅是孩子的陪伴者、益友，有利于孩子在认知方面的成长，还能成为亲子沟通的最佳途径。

Q7 帮孩子选择电视节目要注意什么？

1. 先了解电视节目内容

父母必须先看一下孩子喜欢看的每一个电视节目，了解这些节目的内容和特点，比如有些动画片的内容太过暴力，或剧情过于荒诞，有一些不适合孩子看的内容，这些就要尽量避免孩子看。但了解这些节目的内容，并不是说要把家长的意志强加给孩子，而是要充分考虑孩子的年龄、特点和爱好，比如不要武断地认为国外动漫内容就一定不健康等。

2. 陪孩子一起观看

在孩子观看电视节目的时候，父母不妨先放下手边的事情，坐下来陪孩子一起观看，也可以试着去询问孩子，现在看的这个节目有什么地方比较有趣？或是尽量安排全家一起看电视的时间，这不但可以增加日后与孩子交流的话题，促进亲子之间的感情，更可适时指导孩子吸收正确的知识与观念。

3. 安排看电视时段

父母在对孩子喜爱的电视节目内容做评断后，要合理安排看电视的时段，并和孩子做好约定。有些时候家长可能只注意对时间的控制，以及生活作息的配合，却忽略了此时段的电视节目内容是否适合孩子观看。

4. 考虑孩子兴趣，与孩子一起讨论

父母可与孩子共同选择节目，也可以了解孩子喜欢看的及适合的节目有哪些。如果认为节目不适合孩子看，也可适时地告诉孩子父母反对的理由，不是禁止孩子看电视，而是告之节目内容不适，且会产生不良的影响，让孩子感受到父母的关心和重视，也给孩子表达意见和喜好的机会。

动　漫

Q8 孩子爱看漫画书到底好不好？

漫画书的好与坏，不能一概而

论。对健康的、有利于培养孩子思维和求知欲的漫画读物，家长和老师应给予支持，不能一刀切。

现在是多元化的社会，作为社会的一分子，孩子们的思想活动也呈多元化，其成长轨迹也必定是多元化的。家长大可不必因为突然发现孩子的世界和自己想象的不一致，就惊慌失措或者恼羞成怒。就漫画来说，其形式生动多样、语言较口语化，容易吸引孩子，但凡事都要讲个“度”，过于沉迷这些读物，会让孩子用书里灌输的幻想行为左右了自己的现实生活，以至于无法适应现实社会。家长要同步积极支持和正面引导，如果直接干涉或阻止，反而会激发孩子的好奇心和逆反心。

Q9 孩子喜欢看漫画书，是否应该买给他？

随着“读图时代”的到来，现在越来越多的孩子喜欢读漫画书。漫画书的阅读不需要思考，而且读起来很有意思，用不了一两天就能读完一本，所以容易获得孩子们的青睐。

美国著名的阅读研究专家吉姆·崔利斯曾经做过研究和调查。他发现，童年爱看漫画书的人，长大后一般会成为阅读能力比较强的人。此外，芬兰的儿童是世界上阅读能力最强的儿童，但59%的人几乎每天读一本漫画书。所以，当孩子年龄还小，或者当孩子长大了但是仍然没有爱上阅读时，家长可以根据孩子的兴趣让他们读一些漫画书。这类书文字少，读起来比较轻松幽默，比较符合孩子心理阶段的特点，所以很可能比那些名著更吸引孩子，更容易让孩子养成热爱读书的习惯。值得注意的是，现在有一些漫画书受日本漫画的影响，里面有暴力和色情的成分，对孩子的成长非常不利。家长在为孩子挑选漫画的时候，一定要避开这样的书。

Q10 孩子沉迷于看漫画书怎么办？

1. 家长要主动了解孩子所看的漫画书的相关内容及知识，找到与孩子的共同话题，加强沟通和理解，这样才能介入其中有效地引导孩子进行正确选择，并在阅读中提高欣赏水平。

2. 要逐步教给孩子解压技巧，当孩子有能力放松自己的时候，就不会为了逃离现实而沉迷于漫画中虚幻的世界不能自拔。

3. 帮助孩子疏散兴趣点，如增加人际交往，培养好的习惯，适当参加体育锻炼等。当生活重心从单一的漫画扩展到了其他层面，孩子就会有所改变。

Q11 哪些动画片适合孩子收看呢？

1. 画面稳定清晰、色彩鲜艳

画面稳定很重要。有些动画片为了达到某种“艺术效果”故意抖动画面，有些则是粗制滥造，画面效果比较差。这样的片子，对孩子的视力有害无益。有些卡通片具有很强的艺术性，例如在国际上得奖的一些动画短片，但是它们的色彩往往偏灰偏暗，明暗对比不鲜明。这样的卡通片，即使您爱看，相信您家的宝贝也是不太会感兴趣的。

2. 人物造型可爱、充满童趣

卡通人物千姿百态，但是无论美丑，它们都有一个共同点：可爱、有趣，让人忍不住产生喜爱之情。不过，目前有些卡通片（尤其是日本卡通片）却在人物造型上走“性感”路线，甚至会有卡通人物“半裸”或“全裸”出镜。爸爸妈妈可要当心这样的片子，别让孩子过早接受如此“早期教育”。

3. 远离暴力

大多数欧美的卡通影视公司对自己出产的卡通片都有明确的受众年龄定位。若是专门针对幼儿的卡通片，会有严格的规定，确保在镜头中没有与暴力相关的道具、动作和画面，如刀、枪、打人、杀人及流血画面等。在国内，目前还没有这么详细的规定，这就要靠爸爸妈妈的“火眼金睛”来加以鉴定了。

4. 思想积极向上

这是一句老话。所谓的积极向上，是指卡通片中所宣扬的是善良、真诚、友谊、爱国等精神和品质，这一点相信大多数的卡通片都能做到。但仍需注意两点：

一是卡通片中的情爱场面。如果您不想孩子小小年纪就满口“情情爱爱”，就请注意避开这类片子。

二是过于成人化的思想。有些卡通片（大多仍是来自日本）的思想比较复杂，如人的两面性、事物的悖论、世事的无奈、人心的险恶……大人都不一定能懂，更何况小孩儿呢？因此尽量避开观看此类卡通片。

Q12 孩子爱看动画片，家长该怎样引导？

1. 成人不能剥夺孩子看动画片的权利，这是当代儿童的一种生活方式。

2. 家长除了关心动画片对孩子在知识、道德层面的教育，更应该关心动画片的图像、声音、人物等传递的美学价值和娱乐价值，关心它对孩子快乐童年的意义。

3. 动画片中不能宣扬血腥和暴力、不能漠视人类最美好的情感（如拿同情心、分享等美好的品质大开玩笑），如果这两点都做到了，这部动画片基本上是合格的。

手　机

Q13 孩子多大可以配手机？

英国研究手机安全的专家说，家长不应该买手机给8岁或8岁以下的孩子使用。

英国国家放射防护局主席斯图尔特表示，有越来越多的研究结果显示，使用手机对健康有影响，因此，采取“以防万一”的态度是明智的，特别是对儿童而言。

他曾在公布调查研究报告的记者会上说：“我想我们没有办法扪心自称：手机是安全的……把手机交给一个3到8岁的小童，这种做法不可能是妥当的。”

调查报告也引述瑞典和德国的研究结果说，即使接触低于现有指导原则水平的辐射，也可能危害生物。至于儿童，由于他们的神经系统还在发育，头部组织对能量的吸收力更强于成人，一生暴露于辐射的时间更长，因此他们面对的潜在风险更大。

不过，英国手机业者协会主席多兰强调指出，到目前为止，科研证据“并未显示，符合国际卫生与安全指导原则的手机技术会导致疾病”。

卫生部的反应则是：其忠告保持不变，要让16岁以下少年儿童使用手机的话，要谨慎行事。

Q14 给孩子配手机需要注意什么问题？

给孩子配备手机，家长要格外注意两点。第一，手机功能不要太炫太花哨，能保证基本通话、发短信即可。手机功能太多，孩子一方面容易形成攀比心理，另一方面容易沉湎于复杂的功能当中，过度玩游戏和听音乐等，现在有厂商专门推出功能简洁又适合儿童使用的儿童手机，家长可以考虑购买。第二，孩子使用手机的时间应该得到限制。

在孩子使用手机时，父母可以与孩子签订一份“协议”。“协议”中规定，手机要在什么时间使用；每天使用手机的时间不要超过多久；一个月发出短信的条数有多少；发短信的主要对象是谁等。此外，家长最好给孩子定个规矩，如果没接着父母的电话，应该在多久之内必须回电话。在这些行动上，当父母和孩子达成共识后，孩子就不会总觉得爸爸妈妈反对自己用手机，会使得亲子关系更加融洽。

Q15 应该怎样为孩子选购手机?

为孩子选购手机时，不能按照成人的标准来挑选，功能不宜太多。对于3—7岁的孩子，选择功能简单、易于操作的儿童手机就可以。这些手机有重要监护人、我的好友，以及通话时间、孩子定位、上课隐身、限制关机等功能。进入儿童模式，则只能与家长设置中的号码联系，拨打与接听已经设定的电话号码，接收他们的短信。这种手机采用LBS定位技术，可准确定位孩子的位置，让家长可以随时了解到孩子的活动范围；家长通过短信控制，也可以非常清楚地进行远程监控，了解到孩子上课、生活等周围场景。

年龄稍大的孩子，可以选择功能相对多一些的手机，但家长也要做好手机上网的引导工作，一般不要选择智能手机，减少儿童打游戏的机会，要让孩子养成上课及时关机的习惯，不要因手机影响学习。

Q16 如何合理地控制孩子使用手机的时间?

1. 和孩子讨论

最有效的方式往往是最简单的方式。家长应该尝试和孩子面对面讨论，了解孩子想怎样使用手机，解释自己的担心，与孩子约定使用的时间和惩罚措施等。

2. 利用智能手机内建的监控功能

大部分的智能型手机都有内建功能限定的工具。例如，iPhone手机，先进入手机“设定”，选择“一般”—“取用限制”，就可以针对上网、下载、电话拨打等设定密码。

3. 仔细阅读每个月手机和信用卡的账单

手机的费率往往很复杂，但是从

其中的花费能观察出孩子使用手机的情况和趋势，例如，是否发了很多短信、是否经常通电话、购买了哪些软件等。

4. 使用计时器

对比较小的孩子，在每次设定的计时器响起时，往往会因被吓一跳而中断玩手机。家长应该严格遵守约定，在计时器响起时，坚持让孩子停止使用手机，这是建立孩子良好使用习惯的第一步。

5. 提高警觉

再多的监控应用软件都比不上家长的关心。

Q17 孩子没有手机，但是同学都有，遇到伙伴压力怎么办?

孩子如果想要玩手机是因为伙伴压力，那家长的根本解决之道是协助孩子建立自信。家长可以和孩子一起讨论嗜好、喜欢的活动和喜欢的原因等，然后跟孩子沟通、解释为什么目前不需要手机，也可以让孩子参加其他更有趣的课外活动，接触和认识其他的朋友。

电 脑

Q18 孩子在什么时候接触电脑最合适?

家长最好在学龄前就让孩子接触电脑。现在，很多家长不让孩子在家接触电脑。试想下，就算你在家里可以避免孩子接触到电脑，但孩子迟早也会在同学或朋友家里会接触到游戏电脑的。一般来说，刚接触电脑时，电脑游戏的吸引力较大，孩子很容易沉迷进去。如果孩子在学龄前就接触电脑，一开始虽然会特别迷恋，但这一时期孩子的主要任务就是玩，不会出现像学龄孩子因为玩游戏而影响“学习”的情况。经过一段时间的接触后，孩子对它的兴趣会降低，逐渐会把它看成是同看电视和玩玩具一样的普通娱乐。等到孩子上学了，电脑游戏对孩子的学习就不会有太大的冲击。如果孩子在学龄后才接触电脑的话，一开始时电子游戏的吸引力肯定会影响到孩子的学习。如果这个影响较大的话，等到电子游戏的吸引力有所降低时，孩子的学习可能已跟不上了，如果孩子不能在学习中获得成功的话，“快乐原则”就会支配个人欲望，这个时候，孩子可能会通过更多地接触电脑而获得虚拟的成功，从而形成恶性循环。

Q19 孩子可以玩多长时间电脑？

德国教育学家建议：6岁以下儿童每天坐在电脑前的时间不要超过10分钟；学前班或上小学的儿童每天在电脑前的最长时间为15分钟；对10岁以上的儿童可以逐步放松限制，但是每周操作电脑的时间最多10个小时。

电脑屏幕上的规范书写和严谨语法会给孩子留下深刻的印象，经常接触电脑也可以刺激儿童的学习积极性并提高他们的创造力。但是，儿童心理学家也提醒人们：孩子在应用新技术方面越投入，危险性也越大。他们可能在飞行模拟器前不能控制自己，把精力全部花费在游戏机前。因此，老师和家长允许孩子操作电脑的时间千万不要超过教育家所建议的时间。

Q20 该给自己的孩子选购什么样的电脑？

为孩子选购电脑应注意以下事项：

一是具备学习的功能。应安装许多辅助教学软件，配合不同年龄学生的学习课程，以多媒体的方式促进学生达到快速掌握的效果。

二是具备健康、安全的环境。学生时期是成长的重要阶段，其身体和心理的健康成长都至关重要，所以学生电脑应具备较好的安全防辐射及抗电磁波干扰方面的功能，最好还能同时设置家长安全临控措施，把不健康的东西过滤掉，有效防范子女接触黄色及有害身心健康的内容。

三是具备智力开发的功能。学生阶段是脑力开发的黄金阶段，有益的游戏是促进学生思维敏捷与反应快捷的重

要训练。

四是能熟练掌握电脑应用及快速获取有效信息的特征。这应配有导航学习软件和Internet联网功能。

五是考虑价格特征。配置不一定要超前，不一定价格贵的才好，够用实用就好。

六是具备较好的服务。确认厂商是否承诺提供保修及技术支持，因为目前不少电脑厂家在推销较低价格电脑时提出不再进行售后服务或是售后就立刻开始有偿服务。提供免费服务在某种程度上也代表了厂家对自己的电脑品质有信心。

Q21 给孩子电脑前应先做哪些事?

1. **越晚越好。**许多研究网络对少儿影响的专家、学者，甚至工作上必须重度使用电脑的家长，都尽量延缓自己孩子拥有个人电脑的时间。很多孩子到高中都还在使用家中公用的电脑。

2. **电脑最好让孩子“使用起来很不便利”。**电脑最好不要放在孩子的房间，要放在公共空间或父母的房间；在有些家庭电脑开机还需由父母输入密码。其次，不申请宽频而用慢速网络，使下载影片、连线游戏变得很慢。当然，父母本身也要忍受在家使用电脑的不方便。

3. **先约定使用原则。**父母应该和孩子讨论出大家都能接受的约定，例如使用电脑的先决条件（完成作业后、做完家务后）、每天使用的时段和时间长短等。

4. **设定需要的监护和过滤软件。**告之孩子会使用家长监护软件，或利用一般浏览器中内建的功能，查阅孩子的浏览记录，尽量陪伴孩子一起上网。

Q22 孩子玩电脑时，家长需要坚持哪些原则?

为避免孩子过度使用电脑，建议家长要把握以下五个原则。

1. 家长自己要懂得节制，不能总是守在电脑前，以身作则。

2. 不要把电脑当做保姆，或当成安抚孩子吵闹的玩具。

3. 一定要限制孩子使用电脑的时间。对于学龄前的孩子，家长限制使用的时间应该是每天3次以下，每次不超过15分钟。家长一定要控制好时间。

4. 家长要保持怀疑的态度，慎重选择适合的软件。家长不要以为分类在“教育”类的应用程序就真与学习有关，应多看推荐介绍，同时注意实际内容。

Q23 孩子吵着要用电脑做作业时怎么办?

如果孩子表示要用电脑收集资料做作业，父母应该花时间陪伴。首先，教导孩子搜索资料、判断资料的真伪和优劣的方式。其次，教育孩子直接把网络上的资料复制、粘贴到自己的作业上是一种抄袭的行为。如果是查字典或是查成语的作业，应该鼓励孩子先使用家中的字典、辞典或者百科全书，再接触多元的资料来源。

游　戏

Q24 孩子玩电子游戏到底好不好?

单纯从游戏本身看，电子游戏能锻炼孩子的神经反应能力和集中孩子的注意力，有助于孩子注意力的分配。所以让孩子适当地接触一些电子游戏，对他这些方面的发展会有一些好处。但玩游戏也会对孩子产生不利影响，比如它会占用孩子户外活动的时间，而经常沉湎于这种独自兴奋的活动也会使孩子感到抑郁、孤独，从而影响与伙伴们的交往，不利于其社会性的发展。

孩子的自控能力较低，所以家长应尽量让孩子少玩电子游戏，多带孩子做一些他喜欢的其他活动，用更加有趣的活动来吸引孩子，同时给孩子讲一些有关电子游戏的知识，合理安排玩电子游戏与进行其他活动的时间，使孩子尝到游戏的益处，而避免它所带来的不良影响。

Q25 到底该不该给孩子玩电子游戏?

按照理性、科学的教育观点，是可以让孩子适当地玩电子游戏的，但是一定要有更吸引孩子的东西，让孩子知道什么是真正的快乐。家长一般需掌握的原则是：“学龄前的孩子坚决不能玩电子游戏，小学后也建议不玩，到初中可以适当放开，但条件是孩子真正有自制力和界线！”

如果家长能做到下面的几条，就可以让孩子适当玩电子游戏：

- 你是一个很有原则、有界线的人，也能控制自己的欲望；
- 夫妻关系良好，且孩子喜欢与你在一起；
- 你知道如何从多方面引导孩子

的兴趣，能让孩子天天有愿意做的事情；

● 对孩子的无理要求可以做到“温和而坚持”；

● 当孩子有情绪的时候，你能认同、倾听和共情；

● 不盲从他人，会真正按照孩子的需求进行选择；

● 玩游戏时会指导孩子，能随时把生活中的知识运用到游戏中。

Q26 孩子沉迷网络游戏到底是谁的错？

孩子沉迷网络游戏大致有如下原因：1. 在绝大部分家庭里，学习是孩子唯一的任务，家长对孩子学习上的期望过高，造成孩子心理压力过大。而且一味地学习，使得生活单调，尤其是娱乐活动很少。而网络游戏可以使孩子暂时忘记压力，并改变单调的生活方式，给孩子带来刺激感，这很容易使孩子对网络游戏产生依赖。2. 父母没有时间照顾孩子，更不注重和孩子进行精神方面的沟通。加之现在的孩子大多存在“伙伴危机”，既不能依恋父母又没有友情相伴，孩子的内心长时间被孤独感占据着。在这种情况下，一旦接触网络游戏，孩子便自认为找到了精神寄托，就很容易成瘾。3. 父母的教育方式不科学，造成亲子关系紧张，或者家庭成员之间关系不和谐，孩子为逃避父母的管制和家庭紧张、冷漠或者压抑的气氛，而沉浸于网络游戏中。

只要稍加留意这三点原因，就会明白：孩子上网成瘾，不是孩子的错，也不是网络的错，而是父母的错。

如果父母能够拿出时间来陪孩子，并且在给予孩子物质满足的同时，也能关心孩子的内心世界，多和孩子交流沟通，和孩子做朋友；如果父母能够给孩子玩的权利，不限制孩子适当的游戏行为，多给孩子创造玩的条件和空间，而不是眼睛只盯着孩子的学习成绩，嘴巴只会说“要好好学习”的话；如果父母能给孩子创造与人交流的机会，增加孩子和同龄伙伴交往的时间，鼓励孩子多参加集体活动，多与人交往；如果父母能有学习的意识，不断提高教育能力，并对网络有一个正确的认识……就能及时调整自己的教育方式，改善亲子关系。那么，到时候再去问问孩子们，他们还会那么容易对网络游戏上瘾吗？

Q27 发现孩子迷恋网络游戏该怎么办？

1. 家长要更新观念，允许孩子在

合理的时间内上网，包括玩一段时间的网络游戏。

2. 与孩子一起建立上网时间管理机制，包括把电脑放在公共空间，规定每天上网的时间，但必须以写完作业为前提，平日上网大约为一小时，周末可适当延长。还要制定相应的奖惩制度，帮助孩子逐步形成有节制上网的好习惯。

3. 要把孩子的注意力从网络中转移到学习上去，光靠说教是解决不了实际问题的。家长要切实帮助孩子发现学习中的实际困难，得先从一门学科入手，帮助孩子找到学习的自信。

4. 增加业余活动时间，突破孩子现阶段要么学习要么上网的单一生活模式，带孩子参加体育锻炼，打球、游泳、登山等等。让孩子转移注意力，在其他活动中发现兴趣所在，从兴趣教育中引出孩子的梦想，帮助孩子理清人生的发展之路，选定人生目标，并鼓励孩子坚定不移地走下去。

Q28 孩子沉迷网络游戏怎么办？

一些自控能力特别差的孩子，一旦喜欢上了网络游戏，就特别容易沉湎其中，不能自拔，大大影响正常的学习与生活。其实，网络游戏不是什么妖魔鬼怪，适度的游戏有助于孩子的心智发展和健康成长。面对沉迷于网络游戏的孩子，父母不必大惊小怪，可以从以下几个方面引导孩子在网络中把握自己。

1. 引导孩子分辨信息的优劣

如今的时代是一个信息的时代，21世纪最重要的学习能力是管理知识和处理信息的能力，今天的孩子一定要学会掌握信息、处理信息。但是我们在研究中发现，孩子们接触的信息并不都是健康有益的信息，譬如色情网站中大量的色情图片、色情信息，这些不良信息会对孩子构成严重伤害。所以，父母要引导孩子分辨信息的优劣，防止孩子在网络世界里受到误导和伤害。

2. 把电脑放在家里的“公共场所”

如果有正在读中小学孩子的家庭，应注意把电脑放在家里的“公共场所”，如客厅或公用的书房。这样既可以让孩子感到玩游戏是光明正大的事，也便于家长对孩子玩游戏实施指导与监督，至少也会对他的游戏内容了解得多一些。

3. 陪孩子一起玩网络游戏

如果你的孩子对玩游戏感兴趣，就抽出一定的时间和孩子一起去玩，和孩子做一对好“玩友”。如在节假日，你们可以一起玩一玩单人、双人游戏，与孩子培养起有越来越多的共同语言，使亲子关系融洽和谐。我们要和孩子一起学习，帮助孩子成为网络的主人。

4. 合理使用替代法

可以用户外活动代替。比方让孩子打球、玩滚轴、野餐、游泳、踢球等，就是用一个更让孩子着迷的活动来代替网络游戏。家长要付出一点代价，可能要花时间，要陪他去，甚至还要花上精力组织一些小伙伴，或让孩子参加一些兴趣班、特长班等，但目的在于用一种充满魅力的、孩子喜欢的项目去转移他的兴趣。当然替代法也需要长期坚持，比方说孩子如果天天玩游戏，你可以要求孩子出去踢两次球，两次以后逐渐三次，加一个项目、加两个项目，让孩子感受到外面的精彩世界。

5. 创设和谐友善的家庭氛围

有研究发现：在不同的家庭，孩子使用媒介的情况是不一样的。比方说，父母离婚、打架、酗酒、打孩子之类的家庭，孩子特别容易迷恋一些暴力的网络游戏。孩子在网上发了疯一样地使劲按、使劲打、使劲地发射炮弹，以虚拟的打杀来发泄他的不满。相反，那些家庭生活比较幸福的孩子，就比较喜欢一些文学的、知识类的内容。在电脑和网络的使用过程中，请引导孩子跨越不利成长的障碍，为他们创造一个有利于孩子成长的生活空间。

网　络

Q29 怎样教孩子避免被网络“攻击”？

孩子在微博上的心事，很容易变成耳语，最后成为留言板。家长要提醒孩子，在网络上，各种留言都要三思。若感觉被欺负、被攻击，要立刻离线，关掉微博的留言功能，并且告诉大人。

凡在网络世界走过必留下痕迹，留下的信息都有记录，如在网络上发表不当言论，虽然是匿名但仍需负责任。严重的甚至可能触犯法律。

有学校老师观察发现，有了微博之后，早上只有两人知道的秘密，放学后就传开了。拍摄的影像很容易上传，不论是优酷、微博，还是QQ空间，随意上传视频影像很有可能伤害别人。国内就发生过几起将同学打人的过程被拍下来上传，让个人、班级和学校面临强大的社会舆论压力的事件。涉事同学和家长的心理健康也会因此受到影响。

Q30 孩子将个人资料、心情、照片放上网络，如何教孩子在网络上保护隐私？

孩子想要获得认同，想要与世界联结，微博、QQ等社交网络能让他们获得成长过程中所需的陪伴，缓解他们的孤单。但是，想要有更多联结，孩子公开的真实资料就会更多。

1. 家长要经常提醒和解释隐私的重要。

2. 明确告诉孩子哪些信息不能公开。自己和家人及朋友的姓名、家庭背景、住址电话等基本资料不要公开，也不要张贴清晰易辨的个人照片。“网络上没有删除这件事，”专家表示，放上网的任何东西，即使删除，还是有人会散布出去。因此，家长要提醒孩子不要随便按“赞”、不要随便将不认识的人加为“朋友”。

3. 提醒孩子在资料上传前要多想一下。孩子最常见的心态是“我不会那么倒霉”。一些初、高中女生喜欢贴裸露的自拍照，或与异性的亲密照片，以示“爱的象征”。父母和老师可以提醒他们在贴之前要自问：“信息内容你自己两年后、或者30岁时还可以接受吗？那时还愿意其他人看见吗？”

4. 教给他们在微博上保护自己的方法，告诉孩子在微博、博客等社交网站上的个人资料越少越好。

5. 使用微信时要提醒孩子特别小心，发送声音和图片时要先选择确认好后再发送。防止将一些本不想发送的信息传播出去。

Q31 孩子结交网友，该怎么办？

网友不一定会让孩子变坏，但家长要告诉孩子，交网友就像平时交朋友，需要长时间相处，才能真正了解对方。同时应该提醒孩子，交网友无法直接看到对方，对方提供的资料也不见得是真实的，不确定性和风险都很高。根据调查，孩子的网络安全认知没问题，却普遍认为“倒霉的事应该不会发生在我身上”。

家长还是要耳提面命，请孩子尽量避免进入聊天室与陌生人一对一聊天。研究发现，网友彼此的支持力量很大，打几个字或表情符号，就可以让孩子觉得被了解、被鼓励，“网络之狼”就知道如何利用所谓“网络慰语”讨好和赢得孩子的心。同时，我们也可以告诉孩子一般正常的、有正职的人不可能一直有时间在网络上陪你聊天。

家长可以利用相关新闻与案件，与孩子讨论网络交友的隐忧和自我防护的方法。家长除了要注意孩子的行为，也要反省自己平常有没有给孩子语言上的支持和足够的爱。

Q32 孩子在网络上买卖东西，家长要提醒哪些事情？

首先提醒孩子上网买卖东西要先得到家长的同意。作为未成年人，还是“限制行为能力人”，进行买卖时，应得到监护人的允许。

其次要教孩子尽量选择有加密的网页或网站，确保使用的安全。如非必要不留个人的私密资料，并且要求孩子只能用自己的零用钱进行网络交易，不能用家长的钱、甚至信用卡去购物。

孩子在网络卖东西，通常是由于零用钱不足，因此家长要先了解孩子觉得零用钱不足的原因，并且共同讨论是否要提供帮助。

Q33 发现孩子看淫秽色情影片、上色情网站，怎么办？

青少年对性有好奇和需求很正常。专家建议，无须责骂或约束孩子，最好的处理方式是当成性教育的时机。比如要告诉孩子所见到的是一些不合常理的性知识，进一步讨论什么是愉快、健康的两性相处模式。

如果孩子还没准备好讨论这件事，只要他生活作息、人际交友没有异常，也不一定要谈论这些话题。如果家长真的难以启齿，就提供一本正确的、谈话性的书给孩子，不要让他学习性的渠道过于单一。

家长还要严肃地告诫孩子用手机传播不雅的照片或短片是侵犯别人隐私，或造成其他人不舒服的行为，也可能会触犯法律。

Q34 家长到底该不该加孩子的微博好友？

该不该加入孩子微博的朋友名单中，这是见仁见智的。若孩子提出邀请或答应家长的请求，就欣然接受。但加入后，家长最好也只是“潜水”关心孩子动态，在孩子可能不接受的情况下，不要发信息或作出回应，不要让孩子觉得你可能在监视他。

若孩子闪躲，表示不愿意，家长就要提醒孩子在网络上要保护自己，并且告诉孩子，需要帮忙的时候一定会全力协助，不要害怕告诉家长。然后，最重要的就是要信任孩子。

Q35 要监看孩子的QQ和手机短信吗?

对关心孩子上网安全的家长，要监控但不侵犯孩子的网络世界，就像过去面对该不该偷看孩子日记一般，总陷入天人交战。但首先家长要确认自己是关心而非想控制孩子。

如果亲子关系良好，和孩子沟通畅通，家长不需太担心。可将即时通信软件设定成可储存对话内容的模式，记录孩子聊天的对象、时间和内容。在必要时，家长就可以检查记录。

无论如何，家长必须掌握孩子微博、QQ号、微信、E-mail 等各种通讯方式的账号，但不一定要知道密码。

在必要时可以输入密码，查看孩子的通话记录。对行为已经出现偏差的孩子，例如服装、行为异常，家长要更加关心和注意。在国内每年都有女生被网友性侵的事件发生，如果家长知道孩子账号，当孩子离家出走时，可以通过各种账号追查其下落。

Q36 怎么知道孩子是否网络成瘾?

美国一家儿童网站，给家长提供了一份清单，用此检测孩子是不是沉迷于网络。

1. 孩子是不是每天都要上网?

2. 孩子每天使用的时间超过两小时吗?

3. 孩子上网时是不是会完全忘记时间?

4. 不准上网的时候，孩子是不是会焦虑暴躁?

5. 孩子是不是宁愿牺牲运动或者出去玩的时间来上网?

6. 观察孩子在盯着电脑屏幕时，会不会频繁眨眼睛?（会的话表示孩子眼睛过干和疲累。）

7. 家长你是不是曾经试着限制孩子上网，但徒劳无功?

Q37 孩子已经严重沉迷于网络，该怎么办?

1. 帮助孩子先恢复生活规律，再去想学习

许多父母强迫孩子立刻回到学校，以帮助他们逃离网络。事实上，孩子学业落后一大段，贸然把他们拉回学校当中，只会加深他们的挫折感，往往会让他们逃离得更快。这时候父母应该采取渐进式的做法。

首先帮助孩子建立正常的生活作息，因为能过规律的生活，就代表拥有自制能力，当孩子有了自制能力，他们就更有心理筹码摆脱网瘾。这时父母应该用孩子能接受的方式与之沟通，问孩子希望能够怎样安排正常作息，跟孩子好好商量：这样吧，你这个年龄正在长个儿，要有充足的睡眠，正常的作息，才会有好的体格。

2. 鼓励孩子多进行体育锻炼

有网瘾的孩子最缺乏的是自信跟自制力。父母可以建议孩子找时间做体能锻炼，甚至陪孩子一起锻炼。心理学研究发现，持续不断的体能锻炼，不但对孩子的身体健康大有帮助，对孩子的自信和自制力也会大有提升。因为能够日复一日地做同一件事情，本身就需要超高的自制力（这也是为什么大部分人都没有办法持续锻炼的原因）。正面的经验会给予孩子自信的感受，当孩子的锻炼规划能够不断地实行的时候，他也在不断累积自信的感受。

3. 教导孩子疏压的技巧

每个人都会面临压力，孩子面临的学习压力并不亚于成年人。面对压力而适应不良，往往就会导致他们再次逃离现实生活。情商专家发现，最有效的疏压呼吸方式，是用1：4：2的方式进行吸气、屏气、吐气 。例如用2秒吸气、8秒屏气、4秒吐气，这样持续做上5分钟，压力感就会大幅降低，从而找回解决问题的创新思考能力。当孩子知道自己有能力放松自己的时候，面对压力他就能轻松应对。

4. 肯定及鼓励孩子的正面改变

只要孩子做到了自己原先订的规划，每天锻炼、正常作息，父母这时得逮住机会进行大大的奖励。它可以是口头上的称赞：孩子你太棒了，你说到做到，是很不容易的事情。有时候也可以量力而为地给一些物质上的奖品，例如孩子心仪已久的运动鞋、CD等等。万一孩子没做到承诺的事，也可以适时地做一些惩罚，而这个惩罚最好是孩子事前就同意的。过去的研究发现，如果让孩子决定奖励或惩罚，他的做法往往会出人意料，愿意付出的代价比父母想象的高得多，从而更能达到激励及惩罚的效果。

5. 帮助孩子调整生活重心

接下来就慢慢地调整他们的生活重心，包括人际互动机会的把握、嗜好的培养等等，自然就慢慢压缩了上网的时间。当生活重心从网络转移到了其他层面，孩子就会感兴趣做一些其他的改变和尝试。这需要一个过程，父母千万不能太着急。

6. 提升孩子学习动机和自信

接下来的任务，协助孩子找回学习上的兴趣及自信心。最好的方式之一是，在经济能力允许的情况下找一个家教，在家里帮孩子把落下的功课补上，让孩子对回学校和同学一起学习感到较有把握而充满信心。告诉孩子，什么时候他想回学校读书，父母都会提供他所需要的帮助。当有一天孩子若无其事地说，他想回学校上课的时候，父母亲应保持冷静，千万不要欣喜若狂。孩子说："爸，我下礼拜想回学校看看。"爸爸就可轻描淡写地回答："行啊，有什么事我们能帮上忙的？"让孩子觉得这是由他做主的，而不是什么喜获重生的天大转变。回到学校才是孩子面临挑

战的开始，因此父母亲应陪着他一起以轻松自在的心态面对这个挑战。网络是孩子暂时的心灵避难所，当家庭关系及情绪氛围有所好转时，孩子就不需要到网络中寻求庇护，慢慢地就会摆脱网瘾，回归真实生活。

7. 求助资质好的专业教育机构

如果孩子的问题较严重，而家长有条件的话，还可以求助于当地资质良好的相关专业教育机构去咨询就诊。

第五篇

5

技能篇：“媒介素养教育”亲子练习册

给家长的提示

1.良好的习惯需要从小培养，健康的媒介使用习惯及信息鉴别能力也应该让孩子从小养成。

2.培养孩子从小孕育正确的逻辑思维和价值观，能为未来的智力及德育发展打下根基。

3.鼓励孩子表达自己的意愿，培养合理安排媒介使用时间的好习惯。

4.无论家长还是孩子，都要注意保证工作、学习、运动、休闲娱乐和休息时间的均衡。

5.对年纪较小的孩子，要多引导；当孩子长大了，要多尊重和聆听孩子的需要。

6.可以用大图画纸制定“家庭媒介使用计划表”，并贴在家里显眼的位置上。

7.当孩子遵守“家庭媒介使用计划表”时，可给予适当的鼓励，但切勿以看电视、玩电子游戏作为奖励。

单元一

媒介使用体检表（父母篇）

电视关系健康检查表

这次先由爸爸妈妈上场接受考验咯，请爸爸妈妈检查一下家里的电视使用情况，请打√作回答。

电视关系健康检查项目	Yes	No
1. 您常参与孩子看电视的活动吗？		
2. 您知道孩子经常看什么电视节目吗？		
3. 您曾教育孩子哪些电视节目是不宜看的吗？		
4. 您家会边吃早餐、午餐或晚餐，边看电视节目吗？		
5. 您家经常以看电视节目为主要的休闲活动吗？		
6. 您孩子的房间里有电视机吗？		
7. 您家电视机大部分时间都是开着的吗？		
8. 您的孩子每天看电视超过两个小时吗？		
9. 您常无法有效地限制孩子看某些电视节目吗？		
10. 您家电视机经常开着，但没有人在看吗？		

检查完家里收看电视的习惯后，爸爸妈妈有什么心得呢？您家看电视的习惯健康吗？这些检查项目代表什么意义呢？

如果上表的答案中，1–3题有2个（含）以上的“No”，或4–10题有4个（含）以上的“Yes”，表示您家的电视关系的健康检查结果为不良。

单元一

媒介使用体检表（父母篇）

手机使用健康体检表

请爸爸妈妈观察一下孩子的手机使用习惯，并在相应的☐里打√。

手机使用健康体检项目	Yes	No
1. 您家孩子有手机吗?	☐	☐
2. 您家孩子常常用手机玩游戏吗?	☐	☐
3. 当您无暇照看孩子但又希望他安静待着时，会让他玩手机吗?	☐	☐
4. 您不清楚孩子在使用手机时主要做些什么吗?	☐	☐
5. 您家小孩每天使用手机上网或玩游戏超过1个小时吗?	☐	☐
6. 您常常为无法有效地限制孩子使用手机的时间而苦恼吗?	☐	☐

如果以上的答案中有4个（含）以上的“Yes”，则表示您家孩子手机使用健康体检的结果为不良，请爸爸妈妈以后注意教育和正确引导孩子使用手机。

单元一

媒介使用体检表（父母篇）

您了解孩子使用平板电脑的习惯吗

1. 您知道您的孩子会使用平板电脑吗？__________（Yes 或 No）
2. 如果孩子想要用平板电脑时，他们一般会用什么方法？

____

3. 孩子最喜欢用平板电脑做什么？（列出至少3个）

____

4. 他们喜欢的原因是什么？（列出3个）

（1）____

（2）____

（3）____

5. 什么情况下，不应该让孩子使用平板电脑

____

此时有什么可以代替的吗？

____

6. 您是否经常指导孩子使用平板电脑？__________（经常或不常）

您会不会为孩子推荐应用软件或游戏？__________（会或不会）

您会不会和孩子一起玩应用软件或游戏？__________（会或不会）

通常玩__________分钟。

7. 您对孩子使用平板电脑的行为最常说的一句话是：

____

单元二

媒介使用巧安排

时光节目大比拼

在各种媒介产品的使用中，你最喜欢哪样呢？例如，看电视节目、发手机短信等。如果不使用媒介，你又会做什么呢？试填下表，比较一下自己使用媒介和做其他活动的情况，并说明持续的时长，画好图中时钟的时针、分针。

	时光超级市场	A与B相比，你选择哪项（请在□中打"√"） 更开心	 对身体更有益	 更有利于与别人沟通
A 我最喜欢的媒介活动（例如：看电视节目、发手机短信、上网玩游戏等） …………………… ……………………	由　　　　至 	□	□	□
B 我最喜欢的活动（例如：运动、画画、做家务等） …………………… ……………………	由　　　　至 	□	□	□

媒介使用巧安排

合理安排时间

请在家长协助下完成每周媒介使用观察表，将自己每周使用媒介的情况记录下来，包括每周使用媒介的项目名称、内容、时间等数据，看看自己一周是怎样使用媒介的。

每周媒介使用观察表

日期	使用媒介	媒介项目	内容及节目名称	小计（小时）
月　日	星期一			
月　日	星期二			
月　日	星期三			
月　日	星期四			
月　日	星期五			
月　日	星期六			
月　日	星期日			
备 注				总计　　小时

媒介使用巧安排

家庭媒介使用合约

家庭媒介使用合约

我 ________（姓名）通过家庭会议，同意遵守以下的家庭媒介使用规定：

1. 我每周总共使用媒介的时间是 ____ 小时（建议每周不超过14小时）。
2. 我同意每天合理使用媒介，平时看电视或玩电子游戏不超过 ____ 小时，节假日不超过 ____ 小时。
3. 我愿意按照每周媒介使用计划进行媒介活动。
4. 爸爸妈妈不在家时，我仍遵守《家庭媒介使用合约》。
5. 若有同学来家里，一定先向其说明我家的媒介使用规定，不随便更改规定。
6. 如果有特别想使用媒介的时候，一定和爸妈商量，在经过同意之后才能用，并且扣减原媒介使用计划上的时数。
7. 如果自己错过了使用媒介的时间，不能要求补偿。
8. 严格遵守吃饭和写作业时不能使用媒介进行休闲娱乐的规定。
9. 本合约每月依实际情况再做调整，重新订约。

立约人 ____________ 见证人 ____________

（请其他家人作证）____________

年　　月　　日

单元三

家庭讨论会

有话好好说

你会和爸爸妈妈好好商量事情吗？如何有效、成功地召开家庭讨论会？我们一起学用罗伯特议事规则（简称“萝卜法则”）吧！

请选一位家庭成员当主持人，组织大家发言。主持人即裁判员，在监督大家的同时，主持人要保持中立和公正，不发表个人意见、不总结别人发言。

1.家庭讨论规则：

（1）不攻击。有话好好说，不准发脾气，禁止人身攻击，不质疑别人，不给别人“扣帽子”、“贴标签”。

（2）不跑题。一次只讲一件事，只围绕一个问题发表自己的看法。

（3）不超时。规定每人只能发言___次，每次___分钟，轮流发言。主持人对发言者进行计时。

（4）不打断。任何人不得打断别人的正当发言。

2.遵守讨论礼仪：

主持人

自称“主持人”；
邀请轮到发言的成员发言，避免直呼其姓名。

只能对着主持人发言；
请称呼“主持人”，避免用“你”；
举手申请发言；
等主持人回应。

成员

成员之间不可直接对话；
提到别人时用第三人称。

成员

家庭讨论会

会议记录

请你将家庭会议内容记录下来。

会议记录
会议主题：
会议时间：
会议地点：
参会人员：
主 持 人：
会议内容：

想一想：你们的家庭讨论会按“萝卜法则”进行吗？

单元四

全家总动员（制作媒介产品）

我家的“报”——剪报

平时我们在阅读报纸、杂志时，常常会发现有许多自己感兴趣的知识、优美的语言和漂亮的图片等。但是，时间一长，当我们需要用到它们时，却很难再找到。

这种情况是否也在你们的身上出现过？

快来做一份家庭剪报，为家庭成员保存、收藏起觉得有价值的或感兴趣的信息吧！

制作剪报的步骤：

阅读 → 剪下自己认为有价值的内容 → 分类 → 粘贴 → 装饰 → 命名

我与妈妈一起做的《美食报》

设计制作/红领巾成长小记者郭雨欣

小TIPS：从何处收集材料？如何收集材料？

资料可从书刊、网络中收集。如果是自己的书刊，可直接剪下；如果不是自己的，应先将有关内容复印下来，再进行剪贴。

快给剪报起个名字吧！记得将剪报装饰得更漂亮些哦！

单元四

全家总动员（制作媒介产品）

家庭亲子活动日志——镜头会说话

微博越来越热了，你也和爸爸妈妈一起“织围脖”吧！用它来发发心情和@一下好友。不过怎样才能让自己发的微博更加吸引人呢？一起来学习制作微博的小技巧吧！

微博小技巧：

1. 精心写好第一句话。微博的第一句话非常重要，必须能吸引别人眼球，就像新闻标题一样，这样才能引起别人的点击和转发的兴趣。
2. 配上切合主题又吸引人的图片，发出之前，检查有没有错别字。
3. 可选用微博拼图软件小助手，如美图秀秀等进行照片拼图。

（1）选择一种自己喜欢的拼图模式

（2）可以直接将图片拖到模板中

微博小范例：

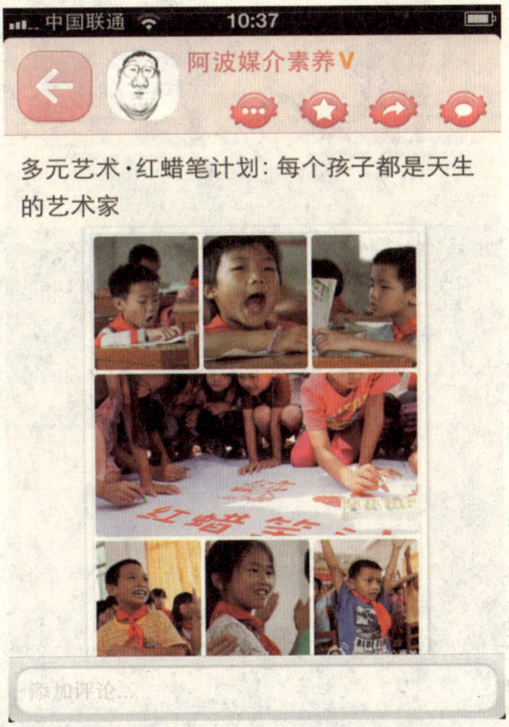

你也来试试，快把你心爱的图片拼起来，做一个家庭亲子活动日志，讲述一个故事吧！

来融合媒体实验室

20:12

儿童融合媒体实验室

广州少年宫儿童融合媒体实验室是国内首个集报刊、电视、广播、网络、微电影、手机等全媒体教学、科研和制作为一体的儿童媒介素养教育基地。在实验室里，小朋友们不但可以开展“媒介素养”知识与采、写、编、排、摄等技能的学习，还可以亲身体验媒介发展带来的最新科技产品，并学习制作电子报、流媒体、微电影、微博、网络广播、电视等新媒介产品，真正成为信息时代的媒介小达人。

媒介教育公益体验活动

向广州市各小学、亲子家庭提供初级、进阶、高级的团体、个人媒介体验活动。

“我来做队刊”小主编活动

编辑广州市少先队队刊、红领巾微博、手机彩信报。

“事事关心，声声入耳”小主播活动

红领巾校园广播站新闻联播活动。

附 录 6

一、资料馆

（一）“媒介素养”家长阅读书架

《娱乐至死》

【内容简介】

在《娱乐至死》里，波兹曼指出，一切公众话语日渐以娱乐的方式出现，并成为一种文化精神。我们的政治、宗教、新闻、体育、教育和商业都心甘情愿地成为娱乐的附庸，毫无怨言，甚至无声无息，其结果是我们成了一个娱乐至死的物种。这是一份精彩、有力、重要且难以辩驳的控诉书。

在《童年的消逝》里，波兹曼运用他对心理学、历史学、语义学和麦克卢汉学说的深刻见解以及常识，非常有说服力地阐述了一个触目惊心而且颇具独创性的论题，即童年的诞生，是因为新的印刷媒介在儿童和成年人之间强加了一些分界线，而在电视等媒介的猛烈攻击下分界线变得越来越模糊，成年人的性秘密和暴力问题转变为娱乐，新闻和广告定位在10岁孩子的智力水平。这也是一份内容翔实、令人震惊的警世书。

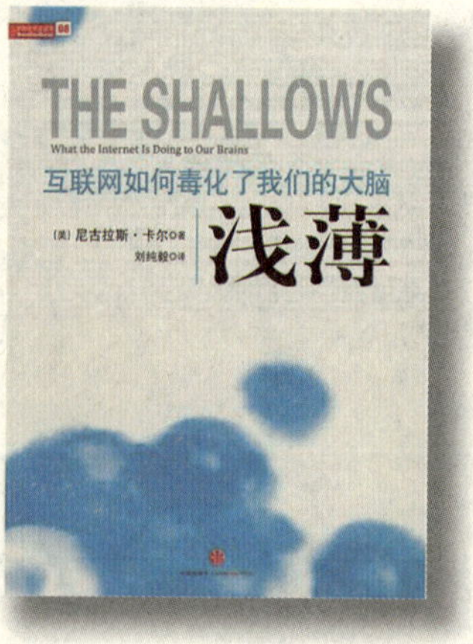

《浅薄》

【内容简介】

“谷歌在把我们变傻吗？”当尼古拉斯·卡尔在发表于《大西洋月刊》上赫赫有名的那篇封面文章中

提出这个问题的时候，他就开启了人们热切渴望的期盼源泉，让人急于弄清楚互联网是如何改变我们的。卡尔同时也明确回答了我们在这个时代面临的一个重要问题：在我们尽情享受互联网慷慨施舍的过程中，我们正在牺牲深度阅读和深度思考的能力吗?

现在，卡尔把他的论证扩展到最具说服力的探索研究上，针对互联网导致的智力后果和文化后果，他阐述了迄今未见公开发表的观点结论。娓娓道来，叙述得引人入胜。

《数字迷城》

【内容简介】

本书从经济、政治和社会的角度分析和阐释了互联网技术发展及“信息大爆炸”给人类社会带来的各种机遇与挑战，并尝试探讨信息社会的发展趋势，具有独到的见解和深邃的洞察力。全书内容丰富，涵盖了信息学基础、信息安全、搜索引擎、密码学等信息通信领域热门话题，除此之外还详细地阐述了“信息大爆炸”所带来的有关网络共享和内容安全等问题。书中在讨论每一个话题时，均列举了相关事例或数据，这些内容能够极大地开阔读者的视野，让读者跟随作者的脚步，探索在互联网影响下的人类社会。

《最愚蠢的一代》

【内容简介】

美国大学教授鲍尔·莱恩认为，数码时代正在使美国的年轻一代成为知识最贫乏的一代人。

美国的青少年和年轻人正在被数码时代各种娱乐性、消遣性的工具所淹没，这些工具包括手机、社交网络和信息传送等。他们通过这些工具传达的却是幼稚、浮浅的东西，而且这些东西正在妨碍他们与历史、公民义务、国际事务和美术等成年人的现实世界进行重要的接触。

对美国青少年和年轻人进行的种种调查结果使鲍尔莱恩教授做出这样的结论："他们现在进行的所有网络活动，以及他们所拥有的数码领悟能力并没有转换成对过去和现在的世界事务的了解，或是他们的生存所需要的技能。"

令他更担忧的是，美国年轻人对此并不以为然。

《网络至死》

【内容简介】

我们也许已经晓悟，但并未察觉，我们正陷入空前的"网络统治一切"的危机之中。我们越来越依赖虚拟世界——网络所创造的一切，人们已无法想象没有电脑、没有网络的生活，我们好像患上了某种强迫症，一遍遍地刷新网页，短暂的断网就会导致我们心绪不宁。注意力极易分散，记忆力严重退化，想象力和创造力被极度扼杀……我们在越来越强大的网络信息世界面前，越来越束手无措，越来越被机器所主宰。

"网络至死"，绝不是危言耸听，人类被机器、网络所异化已经不是简单的玩笑，而是深入我们的生活和我们的精神之中的世界难题了。怎么办？我们被迫在信息时代做我们不想做的事情，我们该如何重新掌控我们自己的思想，并最终赢得这场人类与机器的网络之战？

《多任务时代》

【内容简介】

20世纪90年代至今，至今后10年、20年……甚至更远，机遇与挑战并存，激情和压力同在，人类文明、科技和现代化的时代列车急速飞驰。多数人的物质期盼日渐旺盛，身心却在不断透支，幸福感被迷茫的思绪所冲淡，出现焦躁、不安乃至抑郁等亚健康症状。一切仿佛都在“被”着，“被就业”、“被生活”、“被成功”，“被幸福”……作者谓之“多任务时代”。

在《多任务时代》一书中，作者以自己的视角，向读者描绘了多任务时代的一系列情景，呈现了多任务时代的特征，同时，思索了种种现实生理和心理问题的根源，探究了一种可能的追求幸福与满足的人生道路。

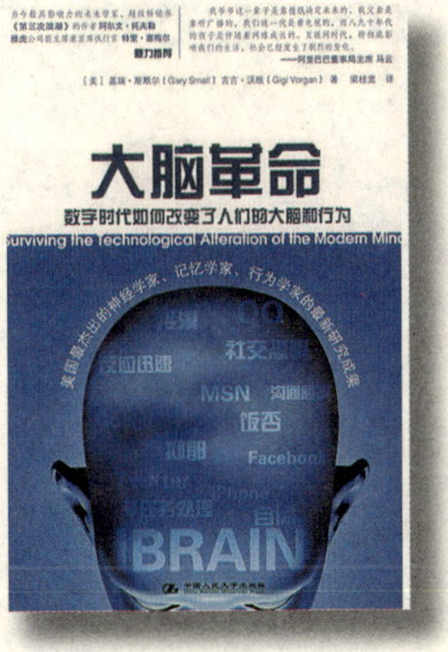

《大脑革命》

【内容简介】

在《大脑定律》一书中，分子生物学家约翰梅迪纳博士与我们分享了他的终身兴趣——脑科学如何影响我们教育子女的方式以及我们的工作方式。在每一章，他描述一条大脑定律——关于大脑如何运转的知识，然后为我们的日常生活提出革新性的理念。

梅迪纳引人入胜的故事叙述方式和幽默感给脑科学研究注入了生气。您将了解到为什么迈克尔·乔丹（Michael Jordan）对棒球一点都不在行。你也会和外科医生一起，惊讶地发现，我们都有一个詹妮弗·安妮斯顿（Jennifer Aniston）神经元。你还会遇到一个男孩，他对音乐有着惊人的记忆能力，但却不会自己系鞋带。

《家有玩主》

【内容简介】

电子游戏已经成为一个不容忽视的社会问题。本书通过条分缕析的梳理，大量真实、可靠的数据和研究，典型的玩家叙述，以一个全新的视角，展示了玩家的世界，公正地点评了电子游戏的是与非。

透过本书，非玩家可以认识到电子游戏原来并非洪水猛兽，游戏中自有一番颇有创意的新天地。透过本书，玩家可以从中认识到游戏有度的乐趣。《家有玩主》是非玩家与玩家建立沟通的桥梁，是确立和谐家庭和社会的纽带。

（二）“媒介素养教育”网站资源

儿童媒介素养教育

http://www.abmjsy.com

广东省社会科学院青少年成长教育研究中心“青少年媒介素养教育研究”课题组的官方网站。发布研究成果、教学课件、讲座视频、活动公告等，在广州市少年宫及子课题学校开展各种研究、培训、讲座等活动。

台湾政治大学媒体素养研究室

http://www.mediaed.nccu.edu.tw

主要工作项目包含举办学术研讨会、工作坊、公众演讲，发放适合不同读者的媒体教育材料，以及邀请知名的媒介学者、评论家、社会行动者等参与“媒介素养论坛”。

媒体识读推广中心

http://www.tvcr.org.tw

目前提供媒体识读教育、媒体文化研究资讯检索以及媒体文化研究书，并出版媒体识读教育月刊。

台湾媒体观察教育基金会

http:// www.mediawatch.org.tw

拥有自己的媒体通路进行媒体观察工作，如发行《媒体观察电子报》、制播媒体观察的广播及电视节目，定期发表媒体观察之评估报告。在“媒介素养教育”的推动上，致力于推动“媒介公民教育”。

香港大学新闻及传媒研究中心（The University of Hong Kong Journalism & Media Studies Centre）

http://jmsc.hku.hk

与香港大学多个院系及香港的新闻各界有广泛的合作关系，提供教育课程，举办各种研讨会、工作坊，并为新闻人员开设各类培训课程。

香港传媒教育计划（Hong Kong Media Education Project）

http://www.hkbu.edu.hk/~alicelee/media-education/

香港浸会大学新闻系李月莲博士编制的传媒教育网页，内容包括传媒教育书籍、网站和影音资料，以及大众传媒的网站和香港传播研究目录。

中国广播电视协会媒介素养浙江传媒学院研究培训基地

http://mjsy.zjicm.edu.cn/

中国广播电视协会媒介素养浙江传媒学院研究培训基地，是经中国广播电视协会批准的学术性的研究培训机构，它依托浙江传媒学院，根据中国广播电视协会的要求开展媒介素养的研究、培训、推广和介绍工作。

Media Smarts

http://mediasmarts.ca/

Media Smart 是WETA（华盛顿广播电视教育协会）的研究计划案之一，其主要内容是让学生了解媒体的真实面貌，帮助他们了解媒体的权力和影响力，让他们成为一个有媒介素养、能辨别媒体内容的“媒介消费者”。

Educational Resources in Media Literacy/Studies

http://www.cln.org/subjects/media.html

提供数千个媒介教育的网站链接。

二、媒介调研

2011 年，广东省广州市少先队总辅导员张海波等人成功申报了广东省社会科学院青少年成长教育研究中心重点课题“青少年媒介素养教育研究”，聘请了知名教育专家、媒体专家作为顾问，组建了由少年宫老师、少儿媒体工作者、少先队辅导员等跨学科人才联合的课题组团队，全面系统地开展媒介素养教育研究。

2012年3至5月，为了解广州地区

的青少年儿童媒介素养的发展现状，在课题组指导下，由少先队广州市工作委员会主办，广州市少年宫少先队工作部和广州市少先队队刊《都市人成长》杂志社承办的广州少先队员媒介素养调研正式启动。我们通过少先队组织向广州市12 个区、市的少先队组织及38 所小学定向进行了问卷调查，并进行了个人访谈，为媒介素养的教育及发展提供大量的数据及素材。

2012 年六一儿童节前我们正式公布了《2012 广州市少先队媒介素养教育调研报告》，在社会上引起强烈反响，《人民日报》、新华社、《中国青年报》、《中国日报》、《中国教育报》等全国的媒体都进行了报道。

这是以广州市小学一至六年级年龄段为调查对象而进行的调查研究的数据统计。从该统计图的数据看来，收音机和报纸、杂志的普及率达到近7成；电脑、手机和电视机普及了90%以上的家庭；新型移动终端上网工具 iPad的普及率也达到45.90%，可见媒介在家庭的普及率非常高。

（一）媒介接触情况

电视机、手机、电脑已成广州家庭必备的媒介终端

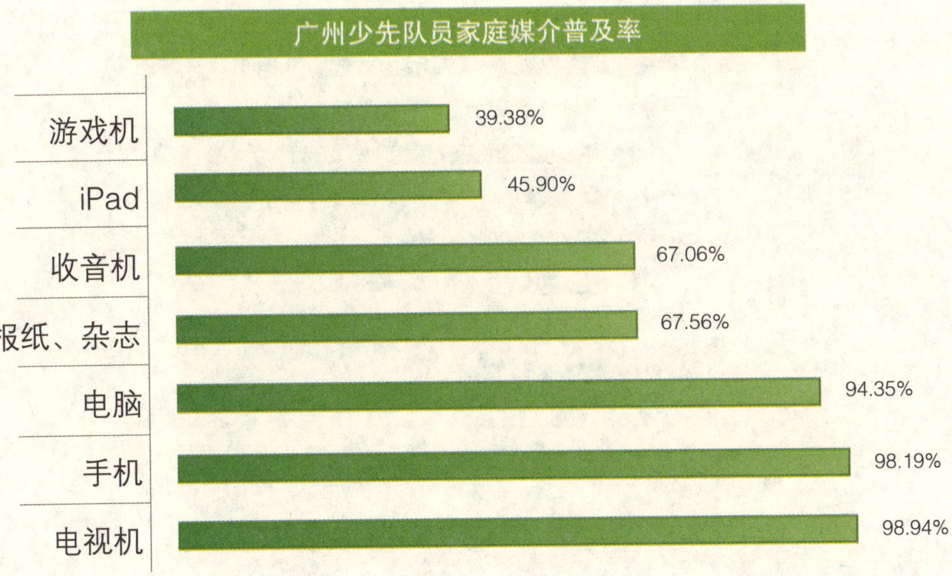

（二）媒介使用习惯

1. 媒介的使用时间：

少先队员使用最频繁的媒介：课外书、电视、网络

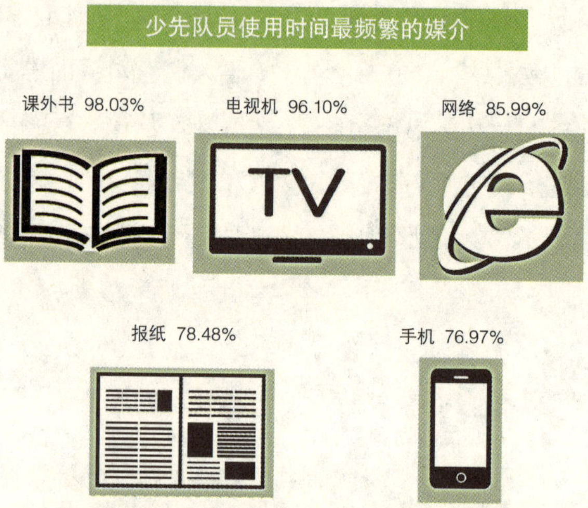

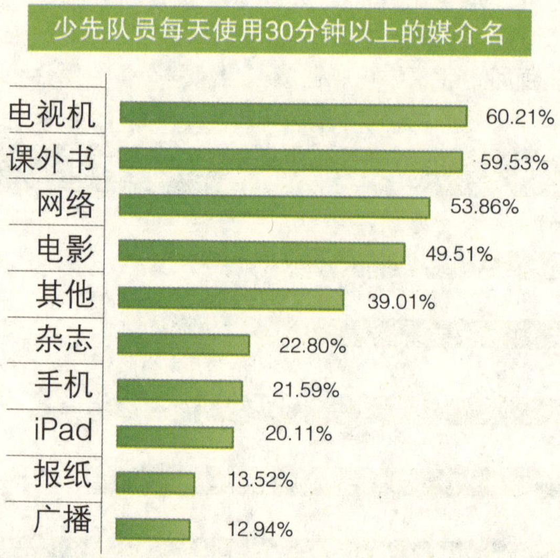

2. 媒介通讯功能的使用：

QQ软件已成为少先队员最重要的通讯工具

少先队员最常用的通讯交流方式排名		
排名	媒介类型	百分比
1	QQ软件	74.64%
2	手机	56.27%
3	固定电话	37.86%
4	手机短信	36.29%
5	儿童网游中的通讯功能	28.69%
6	微博	19.13%
7	电子邮件	12.80%
8	其他	3.18%

备注：其中五至六年级的学生选择QQ软件为主要通讯交流方式的比重更高达83.55%。

3. 网络产品使用分析：

视频、游戏、QQ聊天已成少先队员使用的主要网络产品

少先队员每天会长时间使用的网络产品排名		
排名	使用的网络产品	百分比
1	视频	52.25%
2	儿童网络游戏	45.23%
3	QQ聊天	45.02%
4	音乐软件	32.48%
5	QQ空间	32.33%
6	搜索引擎	31.84%
7	百科	29.99%
8	新浪微博	18.05%
9	腾讯微博	16.55%
10	新浪博客	16.36%
12	班级博客	16.18%
13	网络购物	14.58%
14	MSN	13.45%
15	搜狐微博	13.20%
16	电子邮箱	13.16%
17	社交网站	13.16%
18	新闻网站	13.03%
19	飞信	12.46%

备注：长时间的时间定义为不少于30分钟

（三）“媒介素养”现状

1. 对媒介的认知能力：

孩子最信任的媒介：课外书、报纸、电视、网络

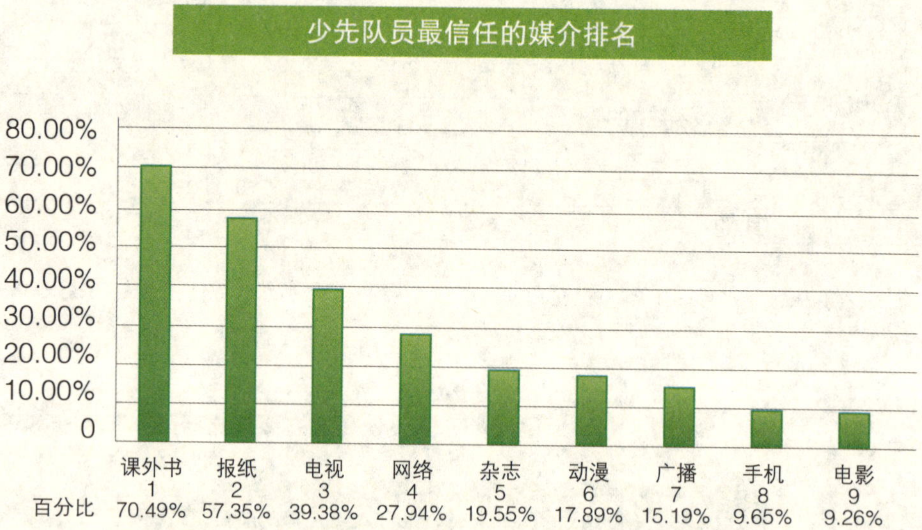

2. 对网络媒介的认知能力：

超过四成的孩子认为“我懂得比爸爸妈妈多”

少先队员认为老师的上网知识和自己的上网知识多寡的比较

选项	百分比
老师懂得比我多	55.27%
我懂得比老师多	10.81%
不知道	33.92%

少先队员认为父母的上网知识和自己的上网知识多寡的比较

选项	百分比
爸爸妈妈懂得比我多	44.07%
我懂得比爸爸妈妈多	42.34%
不知道	13.59%

3. 希望通过媒介达成的目标：

了解朋友的最新消息、发表自己想法、认识新的朋友

少先队员希望通过媒介达成的目标排名

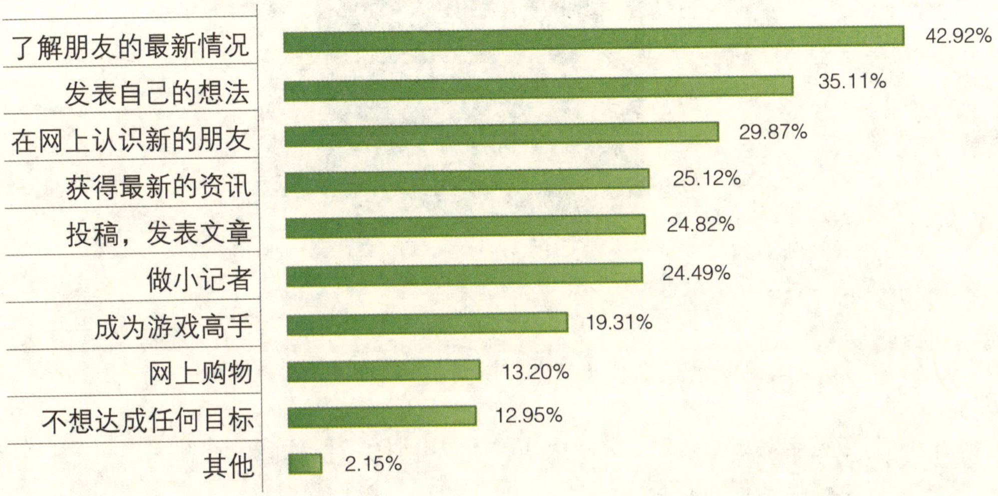

三、《媒介素养（彩色漫画版）· 小学生用书》“媒介小作业”参考答案

P8 媒介，我们成长的好朋友

我最喜欢的“媒介朋友”是：电视。

我为什么喜欢它：因为电视不仅可以看，而且可以听；不仅让我知道外面的世界发生了什么，而且教会了我课本上学不到的知识。

我和它的有趣故事：最近，我从电视上看到跳水救人英雄郑益龙的故事，就组织班上的同学去珠江边为英雄敬献鲜花，受到了老师的表扬。

P12 图书

我要设计一本有趣的笑话书，叫做《甜甜的一天》。书中的主人公是我们班的

“开心果”甜甜。她平时给我们带来不少欢乐，所以我想把她的趣事记录下来，并画成漫画，让更多的小朋友感受到这种快乐，大家肯定会很喜欢看。

P17 报纸

P23 电影

电影名字：《E.T.》（外星人）　　　电影类型：故事片

电影特技：合成特技

我喜爱的理由：我喜欢E.T.这个有着海龟一样的肚子、弹簧一样的脖子、真诚、可爱的小家伙。

P27 广播

我用声音做的一件有意义的事：在妈妈的指导下，我用电脑给《功夫熊猫》里的熊猫配音，体验了当配音员的乐趣。配好音之后我放给同学们听，大家都很喜欢。

P32 电视

P36 电脑

P43 网络

我用网络做的事情有：找资料、看视频、听音乐、和朋友们聊天。

网络给我带来的好处有：通过网络我可以很方便地搜索到各种新资讯和学习资料，还可以经常和朋友们保持联系。

网络给我带来的烦恼有：我喜欢在网上玩游戏，浪费了很多时间。

我这样解决这些烦恼：我给自己制定了一个上网时间表，规定自己只能在周末才能上网玩游戏，一天只能玩两个小时。

P50 手机

新功能1：测量血压和体温。

新功能2：能当做校园卡、公交卡和身份证用。

新功能3：充当自卫防身武器。

新功能4：戴在手上，甩甩手就能充电。

新功能5：能遥控家里所有的电器。

新功能6：具有指纹识别功能，不是自己手机的主人就开不了机。

P56 QQ与博客

文字：10月11日19时，瑞典诺贝尔委员会宣布2012年诺贝尔文学奖获得者为莫言。诺贝尔委员会称莫言“将魔幻现实主义与民间故事、历史与当代社会融合在一起”。这是一个振奋人心的消息，我们要像莫言那样，做一个会讲故事的人！

图片：

P61 电视节目与视频网站

	星期一	星期二	星期三	星期四	星期五	星期六	星期日
电视节目	中央14台《大风车》	中央14台《大风车》	中央14台《大风车》	中央14台《大风车》	中央14台《银河剧场》	中央10台	
时间长度	30分钟	30分钟	30分钟	30分钟	30分钟	45分钟	30分钟

P65 流行音乐

我选的歌是：小虎队《爱》

我选这首歌的原因：“你的心，我的心，串一串，串一株幸运草，串一个同心圆……”在2012年的春晚舞台上听到这首歌后就被它优美的旋律和朗朗上口的歌词深深地吸引住了。爸爸妈妈是世界上最爱我的人，我想通过这首歌，表达我对爸爸妈妈的爱。希望我们的心“串成一个同心圆”，永不分开。

P70 广告

广告词：让你的孩子成长得更加出色。

介绍旁白：我们学校不仅教会学生知识，还教会他们怎样去运用知识解决生活中的问题。各种丰富的活动，给学生带来快乐，使他们在德、智、体、美、劳各方面全面发展。

需要配合的图像：一位老师在打节拍，一个同学在弹钢琴，一个同学在拉小提琴，其他同学们手牵着手在欢乐地唱歌。

P76 动漫

一朵美丽的彩虹色的花盛开在原野上。一天，跑来了一群虫子，对着花又撕又咬，彩虹色的花难受极了。这时，鸟妈妈带着小鸟飞过来把虫子一一吃掉，救了彩虹色的花。蚂蚁们也顶着水珠爬过来，把晶莹的水珠送给彩虹色的花。彩虹色的花恢复了精神，向小鸟和蚂蚁们连连道谢。它们说："不用谢，我们都是好朋友呢！"在大家的帮助下，彩虹色的花茁壮成长，慢慢地开遍了原野。

P80 记者和新闻

我喜欢玩的电玩是：《植物大战僵尸》

它吸引我的地方是：它考验了我的反应能力，我要很快地消灭敌人才能保护好庄园。这个游戏要通过不同植物的配合来消灭敌人，让我懂得了合作的重要性。这个游戏的画面很好看，音乐也很好听，这些我都很喜欢。

我这样安排我的游戏时间：

	星期一	星期二	星期三	星期四	星期五	星期六	星期日
游戏名称	《古庙逃脱》	无	《愤怒的小鸟》	无	《植物大战僵尸》	《植物大战僵尸》	无
用什么玩游戏	手机	无	手机	无	电脑	电脑	无
时间长度	20分钟	无	20分钟	无	20分钟	20分钟	无

P85 媒介的兴衰与发展

2012年10月12日上午，“红领巾心向党感受你的爱”——广东省少先队纪念建队63周年暨广州市百万少先队员喜迎十八大系列活动在广州天河区体育东路小学启动。红领巾成长小记者通过网络视频联线和微博直播，与特邀嘉宾老共产党员梁奶奶和广州市少理事、少先队员们一起开展“红领巾网络议事堂”议事活动，畅谈“我的幸福生活”的话题。

（广州市天河区华南理工大学附属小学　李奚琰）

P88 未来，媒介会是怎样

媒介名称：超级手表。

有哪些新的功能：上网、玩游戏、与别人视频通话、听音乐、看电子书。

将取代现在的什么媒介：手机。

将给生活带来什么变化：有了这种手表，我们点击一下手表就能看视频、打电话、玩游戏等，连手机都不需要了，而且戴在手上很方便，也比较安全。